Steffen Kern

Hoffnungsmensch

Mit dem Himmel im Herzen die Welt verändern

STEFFEN KERN

HOFFNUNGS MENSCH

MIT DEM HIMMEL IM HERZEN
DIE WELT VERÄNDERN

SCM
R.Brockhaus

Stimmen zum Buch

Wenn sich Ihr Leben wie ein tonnenschwerer Jumbojet ohne Treibstoff anfühlt:

Steffen Kern baut Ihnen acht Triebwerke Hoffnung dran, entzündet sie mit geistlichen Geistesblitzen und unterhält Sie während des Steigfluges in die Zukunft mit zwölf Kurzporträts Mut machender »Hoffnungsmenschen«. Eine erhebende, beflügelnde Lesereise durch erdenschwere Zeiten!

Er selbst ist ja auch einer. Ein »Hoffnungsmensch« wie die, von denen er erzählt.

Mehr wahre und weise Merksätze, alltagsbewährte Einsichten und inspirierende Gedanken für ein zuversichtliches Leben dem auferstandenen Christus hinterher passen kaum in ein Buch. Reichhaltig, aktuell, klug, bewegend!

Andreas Malessa

Journalist, Pastor, Autor

Die Hoffnung ist ein leuchtender Faden, der uns in den dunkelsten Momenten führt und uns die Kraft gibt, über uns selbst hinauszuwachsen – sie ist der Funke, der uns immer wieder aufstehen lässt. Zu begreifen, dass diese Hoffnung nicht aus uns selbst entspringt, sondern von Gott gegeben ist, verändert alles! Steffen Kern lässt diese Funken sprühen und entzündet damit ein Feuerwerk der Hoffnung.

Kira Geiss

Miss Germany 2023, GENfluencerin, Gründerin

In süffiger Sprache entfaltet Steffen Kern Hoffnungsworte, -geschichten und -gedanken, die fesseln und zum Weiterlesen animieren, weil es schade wäre, aufzuhören. Berührend. Aufrüttelnd. Ermutigend.

»Lasst uns gottesbewusster und selbstvergessener sein!«

»Lasst uns christusgewisser und krisengelassenener werden!«

In diesem Buch wirken diese Appelle nicht abgestanden oder aufgesetzt, sondern überzeugend. Und manchmal sogar überwältigend.

Prof. Dr. Volker Gäckle

Rektor der Internationalen Hochschule Liebenzell

Mehr denn je in einer krisengeschüttelten Welt brauchen wir eine neue Hoffnungsdynamik, von der Steffen Kern so farbenfroh, einladend und durch Geschichten von Menschen, denen eigentlich nicht nach Hoffnung zumute war, erzählt. Beim Lesen bin ich krass herausgefordert, Hoffnung als Haltung gemeinsam mit anderen zu entwickeln und damit zum Segen zu werden. Mich zu entscheiden, meine Komfortzone zu verlassen, erneut anzufangen und zu einem Hoffnungsmenschen zu werden. Und genau bei solch einer Hoffnungsbewegung bin ich dabei!

Danke, Steffen, für so viel ansteckende Hoffnung auf diesen Seiten.

Evi Rodemann

Theologin, Eventmanagerin, Coach; Lausanne Movement

Steffen Kern schreibt in diesem Buch nicht nur von Hoffnung, er weckt sie: durch berührende Geschichten und inspirierende Perspektiven.

Prof. Dr. Thorsten Dietz

Fokus Theologie; Reformierte Kirche Kanton Zürich

Steffen Kern zeigt uns, wie wir gemeinsam ausziehen können, um das Hoffen (neu) zu lernen, und in den von Gott eröffneten Lebenshorizont der Hoffnung eintreten: ein Buch des Trostes und der Ermutigung, das Hoffnungszeichen setzt!

Carmen Rivuzumwami

Oberkirchenrätin für Kirche und Bildung, Stuttgart

Wir leben in einer Zeit, die viele überfordert. Nicht wenige Christen und Nichtchristen erwarten sogar, dass diese Erde auf ihr Ende zusteuert. Steffen Kern steckt den Kopf nicht in den Sand. Als Hoffnungsmensch inspiriert und ermutigt er, der Hoffnung zu vertrauen. Es ist ein reiches Buch, es ist einladend und begeisternd! Und hochaktuell!

Christoph Stiba

Generalsekretär, Bund Evangelisch-Freikirchlicher Gemeinden in Deutschland

Das Buch »Hoffnungsmensch« lädt ein: zum Eintauchen in Geschichten, die geprägt sind von hoffnungsfrohem Mut, aber auch von Verletzlichkeit, eingebettet in die Grundfesten unseres

Glaubens und der Theologie. Ein Buch, das berührt und zum Nachdenken anregt, auch über sich selbst.

Sabine Foth
Präsidentin der Landessynode der Evangelischen
Landeskirche in Württemberg

Wer hoffen will, muss wissen, warum es sich lohnt: Arbeit, Familie, Engagement, eine stürmische Zukunft. Steffen Kerns Buch durchdenkt klug und praxisnah die Fundamente von Hoffnung. Und trifft dabei immer wieder auf den wirksamsten Hoffnungs-Anker: Jesus Christus.

Ulrich Eggers
Publizist und 1. Vorsitzender Willow Creek Deutschland

Mit Hoffnung ist so viel möglich, und wir haben Hoffnungsgeschichten und Hoffnungsperspektiven, die erzählt werden wollen. »Hoffnungsmensch« ist kein Appell, es ist ein großartiges Schatzkästlein.

Hansjörg Kopp
Generalsekretär, CVJM Deutschland

Steffen Kerns Blick in die Zukunft ist ehrlich-realistisch und zugleich fröhlich-gelassen. Aus begründeter Hoffnung heraus macht er Lust, mit einem Pioniergeist Zukunftsland zu entdecken.

Dr. Corinna Schubert
Pfarrerin, Vorstand Willow Creek Deutschland

Christen sind wiedergeboren zu einer lebendigen Hoffnung, weil Jesus auferstanden ist. Dies sprudelt uns aus den knapp 200 Seiten von »Hoffnungsmensch« entgegen und ermutigt sehr.

Martin Scheuermann
Direktor des Schönblick,
Vorsitzender des Kongresses Christlicher Führungskräfte

Mit überraschenden Worten und erfrischenden Perspektiven pflanzt Steffen Kern Hoffnung in unsere Herzen. In Zeiten kollektiver Erschöpfung eine sehnlichst erwartete Erfrischung. Ein altes Thema – für morgen geschrieben. Wunderbar.

Ansgar Hörsting
Präses des Bundes Freier evangelischer Gemeinden

Hoffnung – ein Wort, das viel aussagt und doch auch oft inflationär genutzt wird. Steffen schärft den Begriff neu und ermutigt, Hoffnungsmensch zu werden und so die Welt ein Stück zum Besseren zu verändern. Erfahrungsreich, Mut machend und hoffnungsvoll!

Dr. Daniela Knauz (Ph.D., CIU)
Referentin im Bund Freier evangelischer Gemeinden,
Vorsitzende der Mitgliederversammlung der Evangelischen Allianz

Hoffnung ist der Motor für die Gegenwart. Steffen Kern zündet einen regelrechten Raketenantrieb! Eine hoffnungsvolle Stimme in hoffnungsschwachen Zeiten.

Klaus Göttler
Generalsekretär des Deutschen EC-Verbandes, Kassel

Manches in Steffen Kerns »Hoffnungsmensch« hat mich sehr inspiriert, manches nachdenklich gemacht, manches hat mich aufgeregt und mancher Aussage würde ich widersprechen. Aber bei allen Themen dachte ich: Darüber will ich mit anderen ins Gespräch kommen und mich konkret fragen: »Was bedeutet es für mich, mit dem Himmel im Herzen den Alltag zu gestalten – in den großen und kleinen Themen dieser Welt?«

Katharina Haubold

CVJM-Hochschule YMCA University of Applied Sciences,
Referentin für Fresh X

In unserer Zeit spielen die sogenannten »seltenen Erden« eine entscheidende Rolle, oft sind sie wertvoller als Gold. Steffen Kern weist auf die noch wichtigeren »seltenen Erden« hin: Ohne Hoffnung im Herzen und ohne die Verkörperung dieses »Himmels-Gens« in unserer Welt sieht's düster aus.

Danke, Steffen, dass du diese Schätze suchst, findest, freilegst und feierst.

Frank Heinrich

Vorstand, Evangelische Allianz in Deutschland e. V.

Mit dem Kopf im Himmel, mit den Füßen auf dem Boden, mit dem Herzen bei den Menschen – das sind die Aspekte des Buches Hoffnungsmensch. Gleichzeitig ist es ein Impuls, meinen Möglichkeitssinn zu aktivieren. Das bedeutet: heute zu denken und zu glauben, was morgen sein kann.

Pfarrer Hartmut Hühnerbein

Vorstandsvorsitzender der WERTESTARTER,
Stiftung für christliche Wertebildung

SCM

Stiftung Christliche Medien

SCM R.Brockhaus ist ein Imprint der SCM Verlagsgruppe,
die zur Stiftung Christliche Medien gehört, einer gemeinnützigen Stiftung,
die sich für die Förderung und Verbreitung christlicher Bücher,
Zeitschriften, Filme und Musik einsetzt.

Dieses Buch beruht auf Tatsachen. Dennoch wurden zum Schutz der Persönlichkeitsrechte einige Namen und Umstände geändert. Der vorliegende Text gibt ausschließlich die persönliche Meinung des Autors wieder.

MIX
Papier aus verantwortungsvollen Quellen
FSC® C014138
www.fsc.org

Max-Eyth-Str. 41, 71088 Holzgerlingen
Internet: www.scm-brockhaus.de; E-Mail: info@scm-brockhaus.de

Lektorat: Christiane Kathmann, www.lektorat-kathmann.de
Umschlaggestaltung: Grafikbüro Sonnhüter, www.grafikbuero-sonnhueter.de
Autorenfoto: © Lichtwerk | Christian Plaum
Titelbild: Anker – shutterstock
Satz: typoscript GmbH, Walddorfhäslach
Druck und Bindung: Finidr s. r. o.
Gedruckt in Deutschland
ISBN 978-3-417-00070-2
Bestell-Nr. 227.000.070

Inhalt

Vorwort: Bereit, neu anzufangen?

»Wann habt ihr zum letzten Mal etwas neu angefangen?« – Ich stelle diese Frage in einer größeren Runde von Menschen, die mich um einen kleinen Vortrag zum Thema Hoffnung gebeten haben. »Ich habe begonnen, eine neue Sprache zu lernen«, ruft spontan eine Frau mittleren Alters von hinten. Und sie belegt es sofort mit zwei Sätzen auf Spanisch, die ich allenfalls halb verstehe. Eine kurze Pause. Dann höre ich eine tiefe Stimme aus der Mitte des Auditoriums sagen: »Wir bauen ein Haus.« Etwas Stolz schwingt mit in dieser Ansage eines Familienvaters; ist ja auch ein stolzes Projekt mit stolzem Preis und viel Arbeit. »Ich esse weniger Kuchen und gehe mehr Rad fahren«, haucht eine ältere Dame in der zweiten Reihe etwas schüchtern. »Und ich … ich mach einen Tanzkurs.« Es klingt fast wie ein Geständnis, als ein Mann in den frühen Vierzigern von seinem neuen Abenteuer berichtet, etwas unsicher, welche Resonanz dieser Einblick in sein Privatleben auslösen wird …

Alles Neuanfänge. Kleinere und größere. Wenn eine Frau nach einer Lungentransplantation jetzt zwei Geburtstage im Jahr feiert, ist das ein echter Neustart. Ein Anfang, der mit viel Zittern und Zagen verbunden ist. Manchmal sind Anfänge frei gewählt, manchmal erzwungen. Manchmal brechen wir auf mit vollen Segeln und viel Rückenwind. Manchmal brechen wir aus: aus Gewohnheit, Routine und Alltags-Allerlei. Altes wird belebt. Neues schafft sich Raum. Das geschieht auch dann, wenn junge Menschen ein Unternehmen gründen – oder eine neue Gemeinde. Aufbruch und Ausbruch können nah beieinanderliegen. Manchmal stehen uns neue Ziele vor Augen, die uns nach vorne ziehen und beflügeln – und manchmal wissen wir nicht so recht, wohin; nur dass es so, wie es ist, nicht weitergeht. Immer aber brauchen wir Hoffnung. Hoffnung ist die Haltung des Anfangs. Ohne Hoffnung hören wir auf zu leben. Denn Leben heißt, immer wieder anzufangen.

»Hoffnung ist gerade so schwer zu finden. Ich suche sie.«[1] Mit diesen Worten beginnt das neue Album von Herbert Grönemeyer. In einer krisenschweren Zeit suchen wir nach etwas, was uns die Schwere nimmt, uns Auftrieb gibt, uns weiter sehen und weitergehen lässt. Denn: »Heute wird das Morgen gemacht.«[2] Nur scheint es die Hoffnung heute ziemlich schwer zu haben. Nur 8 Prozent von 2 124 befragten jungen Menschen glauben einer Studie zufolge, dass es zukünftigen Generationen besser gehen wird als der ihrigen[3]. Das ist ein dürrer Wert.

Mich bedrückt es, wenn eine junge Generation so düstere Erwartungen an die Zukunft hat. Dass sich einige angesichts des unbestreitbaren Klimawandels als »letzte Generation« sehen, ist alarmierend. Sorgen und Ängste sind individuell sehr verschieden. Sie werden immer wieder genährt durch Krisen, Kriege oder Krankheit. Manche Ängste tragen wir allein, manche verbinden uns mit anderen. Es gibt die Angst in Einsamkeit und die Angst im Kollektiv. Immer aber ist Angst die Feindin der Hoffnung. Was aber kann Hoffnung geben? 58 Prozent der Befragten sagen, es seien Freunde. 22 Prozent nennen die Familie. Nur 19 Prozent den Glauben[4]. Dabei ist das eine wesentliche Frage: Welche Hoffnungskraft kann der Glaube an Gott eigentlich entfalten?

Daran entscheidet sich die Relevanz des Glaubens für viele. Auch die von Kirchen und Gemeinden. Wenn sie nur Orte religiöser Tradition oder emotionaler Kurzbeglückung der Seele sind, verlieren sie weiter an Bedeutung. Aber dort, wo Menschen Hoffnung für heute und morgen und über diese Zeit hinaus finden, wo sie anfangen, in dieser Hoffnung zu leben, wo die Hoffnung sie erfüllt, sie durchdringt, sie zumindest nicht loslässt, verwandelt sich etwas. Solche Menschen strahlen etwas aus. Sie verändern ihr Umfeld, weil sie selbst ständig verändert werden. Sorgen und Ängste sind nicht einfach weg, aber sie verlieren ihr Monopol. Hoffnung ist der andere Pol. Der Gegenpol der Angst. Wer sich daran ausrichtet, sieht die Welt mit anderen Augen. Und verändert sie. Nein, das bringt noch nicht den Himmel auf Erden. Aber Hoffnungsmenschen geben die Welt nicht auf, denn sie haben den Himmel im Herzen.

Wenn dieses Buch erscheint, bin ich gerade 50 Jahre alt geworden. Ich stehe »mitten im Leben«, wie man so sagt und zugleich weiß, dass es wohl kaum die Mitte ist. Mein lieber Vater ist, während ich dieses Vorwort schreibe, schwer pflegebedürftig und auf der letzten Strecke seines Lebens. Unsere Kinder überschreiten die Schwelle von der Schulzeit in einen neuen Abschnitt ihres Lebens, werden immer mehr erwachsen und selbstständig. Für uns alle, in jeder Phase unseres Lebens, stellt sich die Frage: Worauf können wir hoffen?

Klar ist: Wir alle brauchen Hoffnung. Kinder und junge Erwachsene, Menschen mittendrin und am Ende unseres irdischen Lebens erst recht. Hoffnung brauchen wir persönlich als einzelne Menschen, und wir brauchen sie gemeinsam als Paare, als Gemeinden, als Kirche, als Unternehmen, als ganze Gesellschaft. Wir Menschen brauchen Hoffnung, die uns hält und handeln lässt. Und die Welt braucht Hoffnungsmenschen, die heute aufbrechen, um »das Morgen zu machen«.

Dieses Buch will dazu ermutigen, die Kraft der Hoffnung zu entdecken. Dabei schöpft es aus Hoffnungsquellen, die Menschen durch Jahrhunderte gespeist haben. Es erzählt Hoffnungsgeschichten, streckt sich aus nach dem »Gott der Hoffnung«, gibt Fragen und Anfragen Raum und inspiriert zu neuen, ganz eigenen Hoffnungswegen. Euch, die ihr das hier lest, wünsche ich von Herzen, dass ihr ein kleines Stück Himmel entdeckt und neu aufbrecht in eure Welt. Es ist mein Traum, mein Wunsch und mein Gebet, dass aus vielen Hoffnungsmenschen eine neue Bewegung wird, eine Hoffnungsbewegung für unser Land. Seid ihr dabei?

Euer **Steffen Kern**,
Juni 2023

Prolog:
Der Atem von morgen

Hoffnung ist der Atem von Morgen.

Wer hofft, sieht weiter.
Über den Tag hinaus. Nach vorn.
Wer hofft, steht auf.
Bricht auf und wagt neue Wege.
Wer hofft, fängt wieder neu an.

Wer hofft, findet sich mit dem Ende nicht ab.
Fügt sich nicht in Ausweglosigkeit.
Versinkt nicht in Verzweiflung.
Schließt nicht aus.
Schließt sich nicht ein.
Wer hofft, weiß um eine offene Tür.

Wer hofft, lebt.
Geht und gestaltet.
Vertraut.
Dass etwas werden wird.
Dass das Werden nicht aufhört.
Dass ein Morgen kommt.
Wer hofft, hält ein Versprechen fest.

Wer hofft, trotzt der Vergänglichkeit.
Bleibt stur.
Auch wenn Tod und Teufel drohen.
Wenn Hass und Hetze heulen.
Wenn Recht bricht.
Wer hofft, hält aus.

Wer hofft, sieht andere. Und hört.
Nimmt wahr. Nimmt auf. Nimmt ernst.
Sieht die Welt mit anderen Augen.
Im Licht dessen, was werden kann.

Wer hofft, lebt mit weitem Horizont.
Lässt sich tragen von einer heiteren Gelassenheit.
Weiß, welche Welt werden wird.

Wer hofft, steht mit beiden Beinen auf der Erde
und hat ein Stück Himmel im Herzen.
Geerdet und beflügelt zugleich.
Vollkommen unvollkommen.
Und ist doch, was er sein soll.
Hoffnungsmensch.

1

Jedem Anfang wohnt ein Glaube inne

Von der Sehnsucht nach Neubeginn

Hoffen heißt, nach vorne zu leben. Etwas zu erwarten. Hoffnung ist in uns und weist uns zugleich über uns hinaus. Sie leitet uns, setzt uns in Bewegung. Sie motiviert. Sie weckt Lebensgeister. Schenkt Dynamik. Lässt uns weiter sehen, zumindest mehr als das, was direkt vor unseren Augen ist. Sie lässt uns aus ausweglosen Situationen aufbrechen und Neues wagen. Hoffnung kann den Kolumbus in dir wecken: Du stichst in See und entdeckst neue Welten. Hoffnung kann aber auch die große Illusion sein. Wer weiß schon, was gewiss ist! Ob es die neue Hoffnungswelt über dem Ozean wirklich gibt? Alles sehr vage. Eben keine Gewissheit. Nur ein Vielleicht. Aber eben eine Möglichkeit. Wer hofft, entdeckt neue Möglichkeiten.

Entdecke deine Hoffnungswelt

Ohne Hoffnung können wir nicht leben. Wer nichts erwartet vom Tag, wer nicht ein Minimum an Sinn und Zuversicht vermutet, hat keinen Grund, morgens aufzustehen. Hoffen heißt, ein Minimum von Gutem zu erwarten. Zumindest, den nächsten Moment zu erleben.

Aber Hoffnung ist nicht auf ein Minimum angelegt: Du willst mehr. Du willst gewinnen. Nicht nur das Spiel beginnen. Nicht nur auf den Platz gehen und ohne Verletzung wieder runter. Nicht nur »nicht verlieren«. Du willst Tore machen. Du willst siegen. Du willst den Jubel erleben. Du ahnst, dass es so etwas wie Siegesfreude gibt. Genau die willst du erleben. Also trittst du an und spielst.

HOFFEN HEISST, DAS ZU ERWARTEN, WAS GOTT VERSPROCHEN HAT.

Hoffnung ist mehr als ein psychologischer Trick oder ein philosophisches Ding. Als Christ sage ich: Hoffen heißt, das zu erwarten, was Gott versprochen hat. – Das, was ich glaube und worauf ich mich verlasse, leitet mich. Ich halte mich daran. Ich richte mich danach aus. Nein, ich kann es nicht beweisen. Nicht einmal, dass es Gott gibt. Immer wieder kommen Fragen und Zweifel. Vieles spricht gegen meinen Glauben. Tausend Anfragen. Und doch halte ich fest, was mich hält. Es sind Zusagen, auf die ich mich verlasse. Darin liegt eine Kraft. Ein Geheimnis. Wer hofft, kann Wunder erleben. Zumindest manchmal.

Ein entscheidender Unterschied

Nach dem Abitur habe ich Zivildienst bei der Diakonie gemacht, genauer gesagt in einer diakonischen Bezirksstelle. Ich habe alte

Menschen zu Hause besucht, ihre Wohnung geputzt, für sie eingekauft, ihnen bei kleinen Aufgaben geholfen, sie zum Arzt gefahren, sogar im Garten gearbeitet und Fenster gestrichen. Mobiler sozialer Hilfsdienst hieß das. Ich habe sie gepflegt, beim Baden geholfen, Inkontinenzmaterial gewechselt, ihnen zu essen gegeben und bin mit einigen nach einem Schlaganfall wieder erste Schritte gegangen. Jeden Tag ein paar Schritte mehr. Schritte zurück ins Leben. Es war ein Vorrecht, Menschen begleiten zu dürfen. Seither habe ich ein Herz für die Pflege von alten Menschen.

Was mich damals tief berührte: Es gab einen Unterschied zwischen Menschen, die noch etwas erwarteten, und solchen, die nur noch das Ende vor Augen hatten. Hoffen oder keine Hoffnung zu haben – das macht einen entscheidenden Unterschied. Nicht nur bei der Genesung von Krankheiten, bei der Reha von Schlaganfall oder Herzinfarkt. Hoffnung ist wie eine Tonart, in der wir das Lied unseres Lebens anstimmen. Es kann nicht immer Dur sein. Jedes Leben kennt Variationen in Moll, aber die Grundtonart ist Dur. Diesen Grundton der Hoffnung zu finden, uns auf ihn auszurichten und einzustimmen, ist Lebenskunst.

Zunächst geht es noch gar nicht darum, was Menschen erwarten oder worauf sie hoffen. Klar ist nur: Wer nichts mehr erwartet von diesem Leben oder dem, das danach kommt, hört schon ein bisschen auf, zu leben. Nicht zu hoffen, ist ein bisschen wie sterben.

Natürlich kann man fragen: Was gibt es noch zu hoffen? Je älter wir werden, desto festgelegter sind wir. Je mehr Leben wir gelebt haben, desto weniger erwarten wir. Je größer die Vergangenheit, desto kleiner scheint die Zukunft. Der Atem von morgen wird dünn.

Aber es kann gerade anders sein. Es gibt Menschen, die mit leuchtenden Augen auf ihr Leben zurücksehen und die Ewigkeit erwarten und das Stückchen Leben, das zwischen jetzt und ihrem Lebensende liegt, wie einen Schatz feiern. Ich habe solche Menschen

Hoffnung kann den
Kolumbus in dir wecken:

Du stichst in See
und entdeckst neue Welten.

vor Augen, alte, auch sehr alte Menschen. Sie nehmen jeden Tag an wie ein unendlich wertvolles Geschenk. Sie strahlen etwas aus. Sie setzen etwas in Gang. Sie haben etwas in ihren Herzen, das über diese Welt hinauszuweisen scheint. Es hält sie. Es trägt sie. Und wenn mein Eindruck nicht täuscht, trägt es sie über die Grenzen dieser Zeit hinaus. Das gehört zur Faszination der Hoffnung.

Dagegen gibt es andere, die viel jünger sind, mitten im Leben stehen, aber offenbar längst aufgegeben haben. Alles scheint festgelegt. Was werden wird, scheint klar. Auch was nicht mehr werden wird. Zu viele Chancen wurden verpasst. Zu viele Spuren sind gebahnt. Noch einmal neu beginnen? Aussichtslos. Man kann eben nicht noch einmal in den Bauch der Mutter schlüpfen und neu geboren werden. Geht nicht. Unsere Geschichte legt uns fest.

Unsere Vergangenheit bestimmt unsere Zukunft. Was werden wird, ist nicht frei wählbar. Viele Studien bestätigen das, aber die braucht es nicht einmal: Das zeigt schon etwas Lebenserfahrung. Wer aus sozial schwachem Haus kommt, wer Migrationshintergrund hat, wer aus »zerrütteten« Verhältnissen kommt, hat es schwerer im Leben und rein statistisch schlechtere Chancen auf einen höheren Bildungsabschluss und ein höheres Einkommen. Pech gehabt.

Also, was soll das Gerede von Hoffnung?!

Es ist eine wichtige Frage: Sind wir wirklich festgelegt? Bestimmen unser Schicksal und die Schuld unserer Vergangenheit auch unsere Zukunft? Ist ein neuer Anfang ausgeschlossen?

Der Traum vom Neuanfang

Neu anfangen – das ist ein Traum. Viele träumen ihn. Verstärkt in den Krisen des Lebens. Junge Menschen träumen. Hoffentlich träumen sie von einer Zukunft, der sie entgegengehen, entgegenlernen, -arbeiten und -studieren, der sie entgegenleben. Menschen in der Lebensmitte träumen manchmal davon, noch einmal neu anzufangen. Noch einmal etwas Neues zu machen. Die Midlife-Crisis lässt fragen, ob das denn nun alles gewesen sei. Manche werfen alles über Bord, manche wagen Neues, andere lernen, Bewährtes neu zu sehen und zu schätzen.

Manche ersehnen einen neuen Anfang. Manchmal werden wir aber auch zu neuen Anfängen gezwungen. Es geht nicht mehr weiter. Dir wird gekündigt. Du wirst befördert. Du wirst krank oder du ziehst um. Du wechselst den Job, den Ort, manchmal auch den Freundeskreis, die Gemeinde, den Verein. Beziehungen verändern sich. Berufungen ebenso. Leben heißt neu anfangen.

Nicht von ungefähr ist Hermann Hesses Gedicht »Stufen« vom Mai 1941 einer der am häufigsten zitierten Texte aus dem 20. Jahrhundert. Darin heißt es:

Es muß das Herz bei jedem Lebensrufe
Bereit zum Abschied sein und Neubeginne,
Um sich in Tapferkeit und ohne Trauern
In andre, neue Bindungen zu geben.
Und jedem Anfang wohnt ein Zauber inne,
Der uns beschützt und der uns hilft, zu leben.

Abschied und Neubeginn sind die größten Herausforderungen unseres Lebens. Abschied von Gewohntem. Vom Kindergarten. Von der Schule. Vom Elternhaus. Von geliebten Menschen. Manche Abschiede fallen uns leicht, andere sehr schwer. Manche gehen wir freiwillig an, andere werden uns zugemutet. Mut und Trauer reichen sich die Hand. Lassen einander nicht los. Durchdringen sich zuweilen.

»Aller Anfang ist schwer«, sagen wir. Wer anfängt, macht Fehler, Anfängerfehler. Zugleich wissen wir um den Zauber des Neuanfangs. Die Chance, noch einmal ohne Vorbelastung zu beginnen. Den Reiz, eine neue Seite aufzuschlagen und ein blütenweißes Blatt Papier zu beschreiben.

Die Grundthese dieses Buchs lautet: Ein neuer Anfang ist möglich. Zu jeder Zeit. Das sage ich als Christ. Denn ich bin überzeugt davon, dass es einen Gott gibt, der mit uns anfängt. Immer wieder neu. Aber es gilt jedem Menschen. Du musst keinen Glauben mitbringen, um dieses Buch zu verstehen oder von seinem Inhalt zu profitieren. Du brauchst nur die Bereitschaft, dich anstoßen zu lassen. Es gilt dir aber auch, wenn du ein glaubender Mensch bist. Gerade wenn du schon einmal neu angefangen hast, ist es entscheidend, zu verstehen: Anfang – das ist nicht etwas, was einmal war. Vielleicht vor vielen Jahren. Etwas, woran du zurückdenkst. Nein, Anfang ist etwas, was ansteht. Das gilt glaubenden, nicht glaubenden und zweifelnden Menschen. Und solchen, die nicht recht wissen, in welche Kategorie sie gehören. Hoffen heißt bereit sein, neu anzufangen.

Gewohnheitstier oder Hoffnungsmensch?

Hoffen fordert uns heraus. Der größte Feind der Hoffnung ist die Trägheit. Im Denken. Im Fühlen. Im Handeln. Das tun, was ich immer tue. Mich den Gefühlen hingeben, die ich immer habe: derselben Sympathie und derselben Wut, die ich immer empfinde. Meinen Lieblingsärger kultivieren. Meine Lieblingsreizthemen pflegen. Wissen, warum wer woran schuld ist. Wie immer. Den Kopf über die immer Gleichen schütteln. Und denen applaudieren, die ich schon immer gut fand. Ein Like für die, die zu meiner Bubble gehören und mich in dem bestätigen, was ich schon immer für richtig gehalten habe. Nichts Neues denken, empfinden und schon gar nicht sagen oder tun. Das ist die Haltung eines Gewohnheitstiers. Ganz anders lebt ein Hoffnungsmensch.

Die Komfortzone verlassen

Bist du bereit, deine Komfortzone zu verlassen? – Das ist eine Schlüsselfrage, wenn es um Aufbrüche geht. Das klingt anstrengend. So als müsste man etwas erzwingen, sich aufraffen, die ganze Lethargie selbst überwinden. Wie wenn der Arzt sagt, man sollte weniger auf dem Sofa sitzen, weniger Cola und Chips konsumieren, mehr laufen, mehr Sport, mehr Bewegung. Ja, es gibt so Typen, die das schaffen. Disziplin. Strenge. Eine gewisse Askese. Dann erreichst du was. Aber mit der Hoffnung ist es anders. Ganz anders. Zur Hoffnung kann kein Mensch gezwungen oder verpflichtet werden. Sie ist nicht das, was du selbst aus dir herauspressen oder in dich hineinstopfen könntest.

HOFFNUNG KANNST DU DIR NICHT ANTRAINIEREN WIE DEN SIXPACK AM WASCHBRETT-BAUCH.

Hoffnung kannst du dir nicht antrainieren wie den Sixpack am Waschbrett-Bauch. Aber du kannst sie dir erzählen lassen. Du kannst dir einschenken lassen und einen Schluck probieren. Du kannst dich anstecken lassen und einen ersten Schritt wagen. Du kannst lernen, zu gehen. Hoffnung können wir wagen. Uns in sie hineintasten. Und einfach anfangen.

Ich wage mal einen steilen Satz: Es gibt so etwas wie eine neue Vergangenheit. – Wie bitte? Das geht doch nicht. Wir bringen doch unsere Geschichte schon mit! Sie macht uns zu dem, was wir sind! Unsere Geschichte prägt unsere Identität.

Das stimmt. Aber sie bestimmt nicht alles. Es muss nicht bleiben, wie es ist. Wir müssen nicht auf der Straße weiterfahren, auf der wir mit hoher Geschwindigkeit unterwegs sind. Es gibt Ausfahrten. Wir können abbiegen. Sogar umkehren. Eine neue Richtung einschlagen. Das ist möglich. Und noch mehr: Ich glaube an einen Gott, der uns vergibt.

Die Fehler unserer Vergangenheit hinterlassen Spuren in unserem Leben, aber sie legen uns nicht für immer fest. Das gehört zum Herzstück des christlichen Glaubens. Was war, muss nicht bleiben. Wir müssen nicht so bleiben, wie wir sind. Wir sind nicht Gewohnheitstiere unserer biografischen Evolution. Wir sind Geschöpfe, geschaffen. Das wird uns zugesprochen.

Wir sind Menschen. Wir dürfen sein. Wir haben einen Auftrag, diese Welt zu gestalten, unsere ganz eigene Welt. Und wir stehen am Anfang. Heute neu. Also raus aus den Gewohnheiten und der alten Routine! Füg dich nicht in die Festlegungen deiner Geschichte. Auch nicht in die Rolle, auf die andere dich festlegen. Wage es, Neues zu denken. Wage es, darauf zu vertrauen, dass dir vergeben ist. Wage es, neu anzufangen.

Eine offene Zukunft

Ich könnte auch sagen: Finde dich mit deinem Schicksal nicht ab. Persönlich nicht. Aber auch sozial nicht. Und ökologisch nicht. Wer hofft, hält den Sinn für Gerechtigkeit wach. Dafür, dass es nicht bei Ausgrenzung und Ungleichheit bleiben muss, bei Arm und Reich, bei Schwach und Stark. Wer hofft, gibt diese Welt nicht auf und hält fest, dass sie sehr gut geschaffen ist, dass wir den Auftrag haben, sie zu bebauen und zu bewahren. Wer hofft, gibt den Traum nicht auf, dass es einmal eine Welt ohne Rassenhass und Unterdrückung geben könnte. Wer hofft, hält den Traum vom Frieden wach und fügt sich nicht in die Logik der Schläge und Gegenschläge. Und bleibt doch Realist. Hält aus, dass die Welt nicht heil ist. Und dass wir sie nicht retten können. Wer hofft, weiß die Geschichte in Gottes Hand. Und hält fest, dass die Erde nicht dem Untergang entgegentaumelt. Hoffen heißt zu träumen, ohne zum Traumtänzer zu werden.

»I have a dream.« In dieser Haltung hat Dr. Martin Luther King am 28. August 1963 vor über 250 000 Menschen beim Marsch auf Washington seine berühmte Rede gehalten. In dieser Rede eröffnete er eine Zukunftsvision, die weit über die damalige Gegenwart hinausreichte. Er malte der Welt eine Gesellschaft vor Augen, in der Afroamerikaner gleichgestellt sind: sozial, ökonomisch, politisch, rechtlich. Eine Rede mit einer Wirkung, die gar nicht überschätzt werden kann. Gehalten von einem Pastor, der zugleich eine politische Leitfigur war. Getragen von der biblischen Verheißung von Gerechtigkeit und Freiheit. Voller Hoffnung. Ganz geerdet. Ganz im Hier und Jetzt. Ganz bodenständig. Mit den Leiderfahrungen vieler Afroamerikaner erfüllt. Und zugleich mit einem Herzen voller Hoffnung.

Martin Luther King sah weiter als viele seiner Zeitgenossen. Er sah, was viele nicht sehen konnten oder wollten. Er war der bekannteste Sprecher der amerikanischen Bürgerrechtsbewegung in den Sechzigerjahren, die wesentlich durch seinen Einsatz, seine Ausstrahlung und seine Wirkkraft zu einer Massenbewegung wurde. Er ist einer, von dem man mit Fug und Recht sagen kann: Er hat mit dem Himmel im Herzen die Welt verändert.

Hass hat er dennoch oder gerade deshalb auf sich gezogen. Am 4. April 1968 starb er in Memphis durch ein Attentat. Doch Martin Luther King wurde für viele Menschen, damals wie heute, zu einem Hoffnungsmenschen. Hoffnung – das war sein innerer Halt und seine Haltung zur Welt. Diese Haltung prägte sein Handeln.

Was wir hoffen, bestimmt unser Handeln

Was wir hoffen, prägt und begrenzt unser Handeln. Was wir nicht erhoffen, tun wir nicht. Nur das, was wir für möglich halten, gehen wir auch an. Die Weite unseres Denkens entscheidet über das, was wir umsetzen. Und was nicht. Unser Denken wird aber nur so weit, wie es unser Herz zulässt. Hoffnung weitet das Herz. Das lehren uns schon die Pioniere der Geschichte.

Das Pionierpaar: Bertha und Carl Benz

Nehmen wir etwa Carl Friedrich Benz (1844–1929), einen der Pioniere des Automobilzeitalters. Sein »Benz Patent-Motorwagen Nummer 1« von 1885 gilt als erstes praxistaugliches Automobil. Am 29. Januar 1886 meldete er den Motorwagen zum Patent an.

Carl Benz hatte eine Idee, wie sich Mobilität verändern könnte. Er sah etwas, was andere nicht sahen, und ging ans Werk. Seine Vision orientierte sein Handeln. Sie ließ ihn etwas angehen und schaffen, was bis dahin unmöglich schien. Allerdings konnte die Erfindung nur durch seine Frau Bertha Benz, geb. Ringer (1849–1944) umgesetzt werden. Bertha Ringer ließ sich ihre Mitgift auszahlen, um das Unternehmen ihres zukünftigen Mannes schon vor der Heirat zu unterstützen. So gründete Carl Benz 1871 die

»Eisengießerei und mechanische Werkstätte«, die spätere »Fabrik für Maschinen zur Blechbearbeitung«. Ohne das Geld seiner Verlobten wäre wohl nichts aus den Plänen geworden.

HOFFNUNG WEITET DAS HERZ.

So richtig überzeugen konnte das neue Auto aber dennoch kaum jemanden. Ein paar kurze Versuchskilometer ja, aber für echte Fahrten über Land schien so ein Gerät völlig untauglich zu sein. Also setzte sich Bertha kurzerhand ans Steuer und fuhr im August 1888 die Strecke von über hundert Kilometern von Mannheim nach Pforzheim und drei Tage später wieder zurück – ohne das Wissen ihres Mannes. Ihre beiden 13 und 15 Jahre alten Söhne Richard und Eugen nahm sie mit. Erst durch diese erfolgreiche Fernfahrt konnte das Automobil eine größere Öffentlichkeit überzeugen.

Eine Frau saß am Steuer. Eine Frau gab die Finanzen. Eine Frau nahm Marketing und Kommunikation in die Hand und verhalf der Erfindung und dem Unternehmen durch ihr beherztes und kluges Agieren zum Durchbruch. – Wenn man bedenkt, dass Frauen bis 1958 in Deutschland ihre Männer um Erlaubnis bitten mussten, wenn sie den Führerschein machen wollten, kann man nur den Kopf schütteln. Aber das ist ein anderes Thema …

Heute denken wir weiter. Die Folgen manch bahnbrechender Erfindungen sind ja durchaus ambivalent. Wir fragen nach neuen Wegen der Mobilität, nach Motoren ohne Verbrenner, nach sozial und ökologisch verantwortlichen Wegen der Fortbewegung. Immer aber kommt es darauf an, dass Menschen etwas für möglich halten, was es noch nicht gibt und was nicht sichtbar ist – und es dann anpacken. Vision und Schaffenskraft gehören zusammen.

Oft braucht es dafür mehrere Personen. Carl brauchte seine Bertha. Ein Mensch allein setzt selten etwas ins Werk. Es ist eben gut, dass der Mensch nicht allein ist. Und es kommt darauf an, dass alle Beteiligten dieselbe Vision teilen. Beim Ehepaar Benz war das der Fall.

Nun geht es in diesem Buch nicht um große Erfindungen und Pioniertaten, auch wenn ich das nicht ausschließen möchte. Es handelt auch nicht von Visionen für Wirtschaftsunternehmen, obwohl es diese durchaus etwas angeht. Doch es geht hier viel grundlegender um Hoffnung. Deutlich wird durch die Geschichte von Carl und Bertha Benz: Was wir nicht erhoffen und nicht erwarten, was wir also nicht für möglich erachten – das gehen wir nicht an. Nur was wir erhoffen, rückt überhaupt in den Blick für unser Tun. Menschen, die nichts erhoffen, werden auch nichts unternehmen. Unser Hoffen bestimmt unser Handeln.

Darum lautet die entscheidende Frage für jeden Einzelnen: Was hältst du für möglich? Was ist denkbar? Welche Möglichkeiten hat diese Welt in deinen Augen? – Kurz: Was erhoffst du?

Wir werden nur tätig, wenn wir hoffen. Und wir hoffen nur das, was wir für möglich halten. Aber das, was wir für möglich halten, gehen wir an. An dieser Stelle kommt ins Spiel, was wir im weitesten Sinne »Weltanschauung« nennen könnten. Wer etwa glaubt, dass alles so bleiben sollte, wie es ist, wird versuchen, möglichst viel zu bewahren und möglichst viel so zu erhalten, wie es jetzt ist. Veränderung kommen nicht in den Blick. Wer auf eine alternative Zukunft hofft, wer in den Blick nimmt, dass es anders werden könnte, als es heute ist, wird versuchen, jetzt schon vieles zu verändern. Wer gar nichts mehr erwartet, wer vielmehr von der Furcht geleitet ist, dass die Dinge immer schlimmer werden und alles zu Ende geht, wird nichts tun. Er oder sie wird abwarten, den Dingen ihren Lauf lassen, diesen Lauf vermutlich beklagen, selbst aber den Kopf einziehen und sich zurückziehen. Die Geschichtsschreibung geht darüber hinweg. Deshalb hängt viel an der Frage: Wie sehen wir die Welt?

Das Mögliche mit dem Wirklichen verknüpfen

Als Menschen, die auf dem Boden der Tatsachen stehen, brauchen wir Realitätssinn, wie Bertha Benz ihn hatte. Hoffnung aber weckt in uns den Möglichkeitssinn. Beides gehört zusammen. Was möglich erscheint, muss mit dem, was machbar ist, verbunden werden. Die offene Zukunft muss mit der konkreten Gegenwart verknüpft werden. Das Mögliche mit dem Wirklichen. Wer hofft, sieht die Dinge nicht nur, wie sie sind. Ein Hoffnungsmensch sieht, was sein könnte und wie es werden könnte. Er hängt nicht fernen Utopien nach. Das unterscheidet die Hoffnung von Illusionen. Er bleibt auch nicht bei dem, wie es schon immer war und geworden ist, sondern sieht die Chancen, etwas zu verändern, weiterzuentwickeln und neu zu machen. Und er ergreift sie.

Hoffnung ist gespannte Erwartung. Sie macht aufmerksam für Gelegenheiten und Möglichkeiten. Hoffnungsmenschen sind wachsam und sensibel. Sie haben geschärfte Sinne für das, was gehen könnte. Sie wittern Chancen. Wenn andere nur Krisen sehen, wenn sie Probleme beschreiben und ausführen, warum was nicht mehr geht, halten Hoffnungsmenschen Ausschau nach neuen Wegen. Andere stellen fest, was unmöglich ist, Hoffnungsmenschen sehen, was möglich werden könnte. Sie denken »out of the box«. Sie verlassen die eingeschliffenen Spuren und betreten Neuland.

Von Henry Ford ist der viel zitierte Satz überliefert: »Wenn ich die Menschen gefragt hätte, was sie wollen, hätten sie gesagt: schnellere Pferde.« – Gelegentlich kommt es darauf an, Grenzen zu sprengen. Sich nicht abhalten zu lassen, weiter zu denken und größere Kreise zu ziehen. Hoffnungsmenschen haben einen Sinn für das Mögliche. Dabei halten sie das für möglich, was anderen gänzlich unmöglich erscheint.

Hoffen und Handeln sind zutiefst verwurzelt in dem, was wir glauben oder wem wir vertrauen. Als Christ glaube ich: Wir sind nicht festgelegt durch unser Woher, sondern bestimmt durch unser Wohin. Darin liegt eine grenzenlose Freiheit. Etwas Großartiges. Gelegentlich werden Religion und Glaube mit dem Gegenteil verbunden: mit etwas, das Menschen einengt, sie gefangen hält und ihnen die Luft zum Atmen nimmt. Ja, solchen Glauben gibt es, auch in verschiedenen christlichen Ausprägungen. Mit dem Herzstück des christlichen Glaubens hat das allerdings sehr wenig zu tun, im Gegenteil: Echter Glaube macht frei. Herzstück des christlichen Glaubens ist das »Evangelium« von Jesus Christus. »Evangelium« bedeutet so viel wie »good news«, »gute Neuigkeiten«. Klassisch ist von der Guten Nachricht die Rede oder – noch klassischer – von der Frohen Botschaft. Diese Begriffe machen deutlich: Es geht um Freiheit. Freude. Neubeginn. Es geht um offene Türen.

ECHTER GLAUBE MACHT FREI.

Nie war der Werbeslogan – wieder der Automobil-Branche entliehen – so treffend wie hier: »Nichts ist unmöglich.« Das heißt Glauben. Sich an einen zu halten, der alle Möglichkeiten hat und sie uns Menschen eröffnet. Genau darum hängen Glauben und Hoffen so eng zusammen. Nur das, worauf ich mich verlasse, kann ich auch erhoffen. Nur wenn ich hoffe, fang ich neu an. Darum sage ich: Jedem Anfang wohnt ein Glaube inne.

Das ist mehr als Optimismus. Es gibt Menschen, die uns raten, positiv zu denken. Das Gute zu erwarten. Immer mit dem Besten zu rechnen. Das ist eine mentale Technik, die durchaus Vorteile hat. Jedenfalls erscheint mir ein Einüben in Optimismus besser und angenehmer als die Pflege des Pessimismus. Ich finde auch Menschen angenehmer, die positiv gestimmt sind, als solche, die zum ständigen Nörgeln, Jammern und Lamentieren neigen. Ein Hoch also auf die Optimisten. Ein Like für alle Nicht-Nörgler. Aber die Dinge positiver zu sehen, als sie sind, womöglich mit einer rosa Brille – das ist nicht das Gleiche wie hoffen. Hoffen ist mehr als positives Denken.

Hoffen gründet in dem, was ich glaube. Hoffnung ist eine begründete Erwartung. Hoffnung gründet im Vertrauen auf das, was die Welt im Innersten zusammenhält. Als Christ sage ich: Das hat für mich mit demjenigen zu tun, der diese Welt und jeden Menschen geschaffen und gewollt hat. Weil ich darauf vertraue, dass es einen gibt, der diese Welt nicht loslässt und uns sogar den Himmel öffnet, hoffe ich.

Es ist Zeit für eine neue Hoffnungsbewegung

Nichts brauchen wir in den Krisen unserer Zeit mehr als Menschen, die Hoffnung haben und Hoffnung leben. Echte Hoffnung, die tiefer geht als blanker Optimismus. Das bedeutet auch: Wir müssen die Welt nicht retten. Dieses Wissen entlastet und befreit. Hoffnungsmenschen verlassen sich stattdessen darauf, dass Gott die Welt in seiner Hand hält: Angesichts von Kriegs-, Klima- oder Krankheitskrisen, von Verzweiflung, Schuld und Tod ist das ungemein befreiend.

Zugleich haben wir Verantwortung für diese Welt. Für unsere Mitmenschen. Für unser Miteinander. Für die Natur, die uns umgibt. Hoffnungsmenschen suchen nach neuen Wegen, verantwortlich zu leben. Angesichts vieler Krisen sind sie gefragter denn je.

Es ist Gründerzeit. Es braucht Pionierinnen und Pioniere. Es braucht Hoffnungsmenschen mit Sinn für das Wirkliche und das Mögliche. Menschen, die gemeinsam aufbrechen und Neues wagen. Überall braucht es sie. In unserer politischen und wirtschaftlichen Welt, in unserer sozialen und religiösen Umgebung. In Parteien und Unternehmen, in Kirchen und Kommunen, in Netzwerken und Nachbarschaften: Es ist Zeit für eine neue Hoffnungsbewegung.

Sie wird getragen von Menschen, die mit der tiefen Gewissheit leben, dass die Welt nicht ins Nichts fällt, sondern gehalten wird. So wundersam und unerklärlich, wie unser Planet begonnen hat, sich zu drehen, wird die Geschichte weitergehen. Dafür steht das Versprechen dessen, der die Welt ins Leben gerufen hat. Wir gehen auf ein Ziel zu – nicht dem Nichts entgegen. Es braucht Menschen, die genau das beherzigen. Es braucht diese einzigartige Mischung aus Gelassenheit und Zuversicht. Aus ihr wächst der Mut, Neues anzupacken.

Das nenne ich Hoffnung. Sie trägt Menschen und bewegt sie zugleich. Denn sie wissen: So wie es ist, darf es nicht bleiben. Wir müssen etwas tun.

Aufbruch ins Rotlichtviertel: Das Hoffnungshaus in Stuttgart

Rund 4000 Frauen gehen in Stuttgart der Prostitution nach, schätzt die Polizei. Etwa 300 Männer, die auf den Strich gehen, kommen dazu.[5] Die schwäbische Landeshauptstadt – gerne mit Kehrwoche,

Kässpätzle und etwas spießbürgerlicher Biederkeit verbunden – ist eine Drehscheibe der Prostitution in Deutschland. Deutschland wiederum gilt als das Bordell Europas. Das hat mit seiner geografischen Lage und seiner Gesetzgebung zu tun. Hier treffen wohlhabende Männer aus dem Westen auf junge, zum Teil allzu junge Frauen und Männer aus dem Osten Europas und anderen Teilen der Welt. Eine laxe Gesetzgebung setzt dem Menschenhandel, der Ausbeutung und systematischen Entwürdigung von Frauen kaum Grenzen. Gewalt und Missbrauch sind an der Tagesordnung. Mitten in der Stadt. Berühmt-berüchtigt: das Stuttgarter Leonhardsviertel.

Oase in einer Wüste aus Gewalt und Missbrauch

Im Jahr 2015 haben wir dort das HoffnungsHaus gegründet. Wenn ich »Wir« sage, meine ich die Verantwortlichen des Evangelischen Gemeinschaftsverbandes Württemberg, die Apis. Dessen Vorsitzender war ich 13 Jahre lang. Das HoffnungsHaus ist eine Anlaufstelle für Frauen in der Prostitution. Eine Oase in der Wüste aus Kriminalität und Gewalt.

Wie es dazu kam? – Das ist eine lange Geschichte. Sie hat mit einem Hausbesitzer zu tun, der eine Animierbar schloss und eine neue Verwendung suchte. Sie hat mit unserer Arbeit zu tun, die wir in Stuttgart schon länger auf die Bedürfnisse und Menschen in den Stadtteilen ausgerichtet haben, wo wir arbeiten. Sie hat mit der Haltung zu tun, dass wir bereit waren, dort etwas anzufangen, wo es nötig ist. Und sie hat schließlich auch mit einer Frau zu tun, die bereit war, mit 52 Jahren ihren Beruf zu wechseln, von Österreich nach Deutschland zu ziehen und noch einmal ganz neu anzufangen.

Wilbirg Rossrucker arbeitete als leitende Hebamme am Klinikum Wels-Grieskirchen. Fünfzehn Jahre lang war sie dort. Ein sicherer Job. Ein gutes Auskommen. Eine traumhafte Region. Ihre Heimat. All das ließ sie zurück. »Ich habe immer gesagt, dass noch etwas kommt und ich weggehe. Dass es Deutschland wird, war für mich eigentlich immer klar. Und dass es etwas mit Menschen am Rand der Gesellschaft zu tun hat.«

Erst dachte Wilbirg Rossrucker an Obdachlose, vielleicht in Berlin. Dann erzählte ihr der Projektverantwortliche der Apis von Stuttgart. Davon, dass ein Haus zur Verfügung stünde für eine offene Arbeit. »Da war ich sofort Feuer und Flamme«, sagt sie im Rückblick. Darauf habe er gemeint, es sei aber im Rotlichtmilieu. Ihre Antwort: »Na und?«

Bis es so weit war, vergingen dennoch ein paar Monate Bedenkzeit. »Aber eigentlich habe ich sofort gewusst: Ich gehe nach Stuttgart«, erzählt sie. »Noch an diesem Abend.«

»LETZTLICH WAR MEINE FRAGE IMMER: BIN ICH BEREIT, MEINE KOMFORTZONE ZU VERLASSEN?«

Zu diesem Zeitpunkt war noch alles offen. Das HoffnungsHaus war noch eine Idee. Das Gebäude musste erst renoviert werden. Ein Konzept für die Arbeit musste erstellt und Netzwerke geknüpft werden. Wilbirg Rossrucker aber war bereit, zu gehen. Sich senden zu lassen. Die Herausforderung anzunehmen. In ein unbekanntes Land aufzubrechen. Und vor allem: alte Sicherheiten loszulassen. Obwohl die Sache für sie sehr schnell klar war, musste die Entscheidung getroffen und durchgezogen werden. Sich selbst und anderen gegenüber. »Letztlich war meine Frage immer: Bin ich bereit, meine Komfortzone zu verlassen?«

Siebzehn Stunden »Arbeit« am Tag, sieben Tage die Woche

Wilbirg Rossrucker war bereit dazu. Bereit zum Aufbruch. Das zeichnet Hoffnungsmenschen aus. Sie sind bereit, neu anzufangen. Auch wenn nicht klar ist, wohin es genau geht, wie der Weg aussehen und was sie erwarten wird.

Etwas wagen »auf Hoffnung hin«. Solche Aufbrüche gelingen nur, wenn wir bereit sind, etwas zurückzulassen. Wenn wir wagen, neue Schritte zu gehen. Wenn wir den Anfang riskieren. – »Ich habe schon auch schwierige Zeiten erlebt, aber ich habe nie überlegt, zurückzugehen«, sagt Wilbirg Rossrucker.

Herausfordernd ist nicht nur ihre Arbeit, sondern ihre ganze Existenz. Es kostet etwas, sich den Geschichten von Frauen auszusetzen, die alles verloren haben: ihr Zuhause, ihre Gesundheit, ihre Freiheit, ihre Selbstachtung. Viele von ihnen stecken seit Jahren, manche seit Jahrzehnten in der Prostitution. Andere sind junge Mädchen. Teenager. Seit drei Jahren schon 18 Jahre alt. Manchmal kommen Busse mit dunklen Scheiben aus osteuropäischen Ländern. Dann kommen neue Mädchen an. Hergelockt mit falschen Versprechungen. Belogen und betrogen von Anfang an. Ihren Ausweis hat man ihnen abgenommen. Manche wissen nicht einmal, in welcher Stadt sie sind. Sie leben einen Alltag aus Zwang und Gewalt. Oft vierzehn, sechszehn, achtzehn Stunden »Arbeit« am Tag. Sieben Tage die Woche. Eine unwürdige Existenz. Ein krankes System. Ein machtloser Rechtsstaat. Hier regiert die Hoffnungslosigkeit.

Wer hier arbeitet, erlebt zuerst die eigene Ohnmacht. Was kann ein HoffnungsHaus hier schon ausrichten? Die wenigen Mitarbeiterinnen? Die Angebote im Gastraum?

Das HoffnungsHaus ist ein Rückzugsort vom Schlachtfeld täglicher Vergewaltigungen. Zumindest für einige Momente. Ein warmes Essen. Etwas Zeit zum Spielen. Zum Reden. Manchmal zum Singen und Beten. Die Frauen nennen das Haus »ihr Wohnzimmer«. Zu den Mitarbeiterinnen sagen sie: »Ihr seid meine Familie.«

»Und das sind wir wirklich«, sagt Wilbirg Rossrucker. »Wir sitzen mit den Frauen am Tisch. Da wird dann diskutiert, gesprochen, getratscht. Manchmal auch geschwiegen.« Ihnen Wertschätzung zu vermitteln – darin sieht sie ihre Berufung: »Wir sagen ihnen: Du bist wertvoll. Du bist ein Ebenbild Gottes. Und allein deshalb bist du es wert, respektiert zu werden.«

Wilbirg Rossrucker und ihre Mitarbeiterinnen bieten therapeutische Hilfe. Beraten. Begleiten. Zum Amt. Zum Arzt. Sind einfach da. Ein Komplettausstieg aus der Prostitution gelingt selten. Ein neues Leben an einem anderen Ort, ein Umzug in eine andere Welt – das ist leichter gedacht als getan. Viele kommen nicht raus.

Wie gut, dass es Hoffnungsmenschen gibt wie Wilbirg Rossrucker, die mit ihnen aushalten. Sie bleibt da. Sie hält Kontakt. Auch zu Zuhältern, Türstehern und Lokalbetreibern. »Das sind ja unsere Nachbarn. Manche kommen sogar zu unserem Brunchgottesdienst«, meint sie. Eines haben auch sie längst bemerkt: Menschen wie Wilbirg Rossrucker geben alles. Und gewiss geben sie die Hoffnung nicht auf. Das hinterlässt Eindruck. Auch im Milieu.[6]

2

Der Regenbogen über den herabstürzenden Bach des Lebens

Wenn die Welt im Nichts versinkt

Ich halte Hoffnung für einen der stärksten Begriffe dieser Welt. Das Wort bringt eine Wirkkraft zur Sprache, die kaum überschätzt werden kann. Wer hofft, hat alles. Freilich kommt es entscheidend darauf an, worauf wir hoffen. Jedenfalls nicht auf uns selbst. Nicht auf die eigene revolutionäre Kraft, die Welt zu verbessern.

Wunder entdecken und radikal zweifeln

Solche »Hoffnung« kann zum Wahn werden. Zum Wahn eines Einzelnen oder zum kollektiven Wahn einer Gesinnungsgemeinschaft. Ein Beispiel dafür mag der real existierende Sozialismus sein, der verheerende Folgen und viel Leid für viele Menschen mit sich gebracht hat und historisch krachend gescheitert ist. Wer die Geschichte des Kommunismus, wie er etwa in der DDR Gestalt gewonnen hat, betrachtet, wird mehr Verzweiflung als Hoffnung finden. Das alles spricht jedoch nicht gegen die Hoffnung an sich. Vielmehr ist entscheidend, worauf wir hoffen. Als Christen hoffen wir auf eine Kraft, die außerhalb von uns selbst liegt. Wir können es nicht machen. Wir können die Erde nicht am Rotieren halten. Das ganz große Rad drehen nicht wir. Als Hoffnungsmenschen verlassen sich Christen darauf, dass eine andere Macht die Welt erhält.

Hoffnung außerhalb von uns selbst

Das kann man nun wirklich infrage stellen. Woher sollen wir das wissen? Ist das nicht bestenfalls eine These? Was spricht denn dafür?

Dafür spricht vor allem, dass wir da sind. Wir haben uns das Leben nicht selbst gegeben. Wir haben uns nicht selbst geschaffen. Wir finden uns in dieser Welt vor. Wir können unserem Leben keinen einzigen Tag hinzufügen. Keine Sekunde. Keinen Atemzug. Aber wir leben. Unser Leben ist ein Geschenk. Hoffnungsmenschen haben einen Sinn dafür, dass alles Wesentliche nicht gemacht, sondern geschenkt ist. Und wenn wir ehrlich sind, kommen wir aus dem Staunen nicht heraus: Diese Welt ist voller Wunder. Hoffnungsmenschen haben einen Blick für die Wunder dieser Welt.

Freilich kann man sich auf die rationalen Erklärungen zurückziehen: Wie die Welt geworden ist, lässt sich wissenschaftlich nachzeichnen. Warum die Natur so ist, wie sie ist, lässt sich verstehen. Und gewiss wäre ein naturromantischer Blick auf die Wirklichkeit trügerisch. Es ist ja nicht alles gut in dieser Welt. In der Tierwelt nicht, in der Pflanzenwelt auch nicht. Ganz im Gegenteil. Es wird gestorben. Es wird getötet, geraubt und gefressen. Und da sind die menschlichen Untaten noch gar nicht mitgedacht. Wenn es nicht gut ist, warum sollte dann alles gut werden?

Ist unsere Geschichte doch eine Verfallsgeschichte? Geht alles vor die Hunde? – Friedrich Nietzsche gehört zu den kraftvollen Denkern und Zweiflern des 19. Jahrhunderts. Er war ein Vordenker der Postmoderne. Er stellte sich dem Schrecken, dass kein Gott sein könnte, dass Gott tot sein könnte, dass wir ihn getötet haben und nun plötzlich ohne ihn dastehen. Dass schlicht nichts ist. Dass also auch nichts zu hoffen wäre:

> Wer gab uns den Schwamm, um den ganzen Horizont wegzuwischen? Was taten wir, als wir diese Erde von ihrer Sonne losketteten? Wohin bewegt sie sich nun? Wohin bewegen wir uns? Fort von allen Sonnen? Stürzen wir nicht fortwährend? Und rückwärts, seitwärts, vorwärts, nach allen Seiten? Gibt es noch ein Oben und ein Unten? Irren wir nicht wie durch ein unendliches Nichts?[7]

Ist Hoffnung also nicht doch so etwas wie eine existenzielle Trotzhaltung gegen die Sinnlosigkeit des Daseins? Vielleicht. Jedenfalls eine Trotzhaltung. Dem Zweifel begegnet man nicht durch eine schlichte Behauptung des Gegenteils. Das kann man machen, aber dann stellt man sich den Anfragen nicht, sondern zieht sich zurück in einen Weltwinkel, richtet sich dort so ein, wie es dem eigenen Weltbild entspricht.

WER HOFFT, SETZT SICH DEN FRAGEN DES ZWEIFELS AUS UND WIRD DOCH GEHALTEN.

Hoffnungsmenschen sind
keine Glaubensriesen,
die stark und fest über jeden
Zweifel erhaben wären.

Sie sind Zwerge angesichts
der großen Zweifel,
Zweifelszwerge,
die sich tragen lassen.

Wer hofft, setzt sich den Fragen des Zweifels aus und wird doch gehalten. Hoffnungsmenschen werden auch im Sturm des Zweifels gehalten von dem, auf den sie hoffen. Halt finden sie nicht in sich selbst, in ihrer Seele, nicht einmal in ihrem Glauben. Sie sind keine Riesen, die stark und fest über jeden Zweifel erhaben wären. Sie sind Zwerge angesichts der großen Zweifel. Zweifelszwerge, die sich tragen lassen.

Geht alles den Bach runter?

Selbst der große Skeptiker Friedrich Nietzsche sprach von der Hoffnung:

> Die Hoffnung ist der Regenbogen über den herabstürzenden jähen Bach des Lebens, hundertmal vom Gischt verschlungen und sich immer von Neuem zusammensetzend, und mit zarter schöner Kühnheit ihn überspringend, dort wo er am wildesten und gefährlichsten braust.[8]

Was für ein Bild! Der Bach des Lebens stürzt hinab. Alles geht dahin. Hoffnung der Regenbogen darüber. Schön und kühn. Darüberspringend.

Was heißt das nun? Ist die Hoffnung ein schönes, wildromantisches Farbenspiel? Nicht zu greifen, nicht zu fassen, aber eine Momentaufnahme, die vom Sturz in die Tiefe ablenkt?

Nietzsche jedenfalls spricht auch davon, dass die Hoffnung das übelste aller Übel sei, weil sie die Qual der Menschen nur verlängere. Zum Anwalt der Hoffnung wird Nietzsche wohl nicht werden. Aber er fordert heraus und lässt uns fragen: Hilft sie nicht doch, die Abgründe des Lebens zu überwinden? Wie tragfähig kann Hoffnung sein? Hilft sie durch Krisen hindurch?

Mehr Krise war selten

»Mehr Krise war schon lange nicht mehr«[9], notiert der Rektor der Internationalen Hochschule Liebenzell Volker Gäckle. Er verweist auf die Banken-Krise, die Euro-Krise, die Migrationskrise, die Coronakrise und dauerhaft die Klimakrise. Alles Krisen der Ära Angela Merkel. Wir sind zu einer Gesellschaft im Krisenmodus geworden. Das verändert die Politik, die internationalen Beziehungen, die öffentlichen Debatten, die Stimmung im Land und das Lebensgefühl der Einzelnen.

Das alles war vor dem 24. Februar 2022, dem Beginn der vielfach beschworenen Zeitenwende. Seither ist eine neue Dimension von Krise erreicht. Krieg in Europa. Energiekrise. Inflation. Lange nicht mehr war die Welt für uns so unsicher wie heute. Neue Fragen stehen im Raum: Was ist eigentlich verlässlich? Was hat Bestand? Was hält?

Was hält Europa aus und was die Welt? Wie stabil ist unsere Wirtschaft? Und tief greifender noch: Wie stabil sind die Demokratien in der Welt? Wie lässt sich Frieden halten und wiederherstellen?

Wenn wir so fragen, richten wir uns auf etwas Positives aus. Auf ein Ziel. Wir haben eine Ahnung, was wir erhalten oder gewinnen wollen: eben eine Staatengemeinschaft, die in Frieden und Freiheit zusammenwirkt. Ein Leben, in dem Wohlstand und sozialer Ausgleich zumindest in einem Maß gegeben sind, dass niemand verloren geht und es Chancen für alle gibt. Wir haben noch eine Idee von einem Kontinent, auf dem wir gut und gerne leben. Ja, wir sind in vielem ratlos. Wir sind machtloser, als wir dachten. Aber wir haben eine Ahnung, was es zu erhalten und zu erreichen gilt. Ein solches Krisenbewusstsein trägt den Keim der Hoffnung in sich. Aber auch der ist gefährdet.

Ein Klima der Angst

Die vielfachen Krisen überfallen uns in einer späten Moderne, in der sich eine eigentümliche Müdigkeit breitmacht. Der Soziologe Hartmut Rosa stellt fest: Es gibt eine »elementare und konstitutive Grundangst der Moderne«[10]: Sie besteht darin, die Welt zu verlieren. Der Mensch fühlt sich dazu getrieben, alles mit den besten Teleskopen oder Mikroskopen sichtbar, mit U-Booten oder Satelliten erreichbar, mit allen Mitteln der Wissenschaft und Technik beherrschbar und durch geschickte Politik nutzbar zu machen und unter seine Kontrolle zu bringen.[11] Ständig soll die Reichweite des eigenen Handelns vergrößert werden. Längst treibe uns aber nicht mehr die Lust, mehr zu erreichen, sondern die Angst, alles zu verlieren, meint Hartmut Rosa. Die Moderne werde nicht primär geleitet von dem viel beschworenen Höher-schneller-weiter-Prinzip: »Es ist nicht die Gier nach mehr, sondern die Angst vor dem Immer-weniger«[12], die unsere Realität bestimmt. Dies zeige sich unter anderem darin, »dass die Mehrzahl der Eltern … nicht mehr von der Hoffnung motiviert wird, dass es die Kinder einmal besser haben mögen als sie selbst, sondern von dem Verlangen, alles zu tun, was sie irgend können, damit es ihnen nicht schlechter geht«[13].

In der Krise wächst die Angst, alles zu verlieren. Angst treibt in die Enge. Angst lässt erstarren. Sie lähmt. Angst nimmt die Freiheit, nach vorne zu denken und zu handeln. Angst führt in die typische Kaninchen-vor-der-Schlange-Haltung. Und Angst ruft Scharlatane auf den Plan. Die Welt-Erklärer. Die Verschwörungstheoretiker. Die Seelenfänger. Ein Klima der Angst treibt die Konjunktur für Fundamentalisten verschiedenster Couleur an.

Man zieht sich zurück auf vermeintliche Sicherheiten, die es zwar nicht wirklich gibt, die konstruiert sind und schlicht behauptet werden, aber nach denen gleichwohl gegriffen wird. Der Griff nach ideologischen Strohhalmen. Angst führt zu Polarisierungen. Viele ziehen sich in mentale Ecken zurück. Jede Gruppe in ihre eigene. Der Raum verändert sich: Die Mitte dünnt aus. In Zeiten der Unsicherheit gibt es wenige, die aushalten. Extreme werden stark. Die Welt wird in Schwarz-Weiß gemalt. Schuldige werden gefunden. Und angeklagt. Parolen werden laut. Es entsteht ein Klima des Verdachts und der Verdächtigungen. Das lässt sich vielfach beobachten.

Etwa in der politischen Auseinandersetzung: Das Ringen der Parteien erscheint längst nicht mehr als ein Wettbewerb um die besten Ideen und Wege, sondern als ein destruktiver Kampf gegen die jeweils anderen. Extreme an den Rändern gewinnen Zulauf. Sie bieten Ecken an, in die sich viele treiben lassen. Schmollwinkel der Demokratie, in denen sich die Welt so malen lässt, wie sie den jeweiligen Gesinnungsgenossen gefällt. Dann gibt es vermeintlich nur die wenigen Guten und die vielen Bösen.

Gesellschaftliche Debatten werden seltsam ideologisch aufgeladen. Schon wenige Stichworte genügen, um kollektiven Bluthochdruck auszulösen: Klimaproteste, Genderfragen, Corona-Maßnahmen, Abtreibung, aber auch der Bau von Bahnhöfen und Flughäfen … sofort haben wir Bilder vor Augen. Wir sehen die Eskalation und spüren die Emotionen.

Das Problem in diesen Debatten ist ja gerade nicht, dass es verschiedene Positionen und Haltungen gibt. Im Gegenteil: Pluralität braucht Positionalität, Menschen, die klar und deutlich einen Standpunkt vertreten, ihn begründen und dafür werben. Gerade das kennzeichnet doch einen Raum der Freiheit. Das Problem ist, dass immer mehr immer weniger ringen. Es fehlt die Hoffnung, andere zu gewinnen.

Die anderen werden zu Gegnern

Wir geben es auf, engagiert für die beste Lösung zu argumentieren und zu kämpfen. Wir hören nicht mehr zu. Wir widerlegen nicht, wir behaupten nur noch. Wir ringen nicht mehr. Nicht mehr um die Sache und schon gar nicht mehr um Menschen. Wir wollen niemanden mehr gewinnen – wir grenzen nur noch ab.

Aus dem Ringen wird Rückzug: ein Rückzug aus der unübersichtlichen Weite in die überschaubare Enge. Rückzug in Gesinnungsecken statt offener Debatte. Wer nicht wie ich denkt, ist gegen mich. Ein klassisches Freund-Feind-Denken. Das ist das Klima, in dem Kulturkämpfe entstehen. Ein Klima, in dem Hoffnung fehlt und sich Angst breitmacht, und damit Verbissenheit statt Gelassenheit.

**DIE ANDEREN WERDEN ZU GEGNERN.
UND DIE GEGNER WERDEN DÄMONISIERT.**

Dramatisch zu sehen ist das in den USA. Aus zwei Parteien sind längst zwei Lager geworden. Das Land ist zerrissen. Man hält nicht nur die politischen Vorschläge der anderen für falsch, sondern man diskreditiert sie als nicht mehr akzeptabel für das politische System. Die anderen werden zu Gegnern. Und die Gegner werden dämonisiert. Wahlergebnisse nicht mehr anerkannt. Die Demokratie erscheint nicht mehr als Grund aller politischen Auseinandersetzung, sie wird degradiert zu einem Medium, das nur dazu dient, eigene Positionen durchzusetzen. Wenn das nicht gelingt, erscheinen auch andere Wege angemessen. Wenn Wahlergebnisse nicht dazu führen, dass das in meiner Sicht Richtige geschieht, muss es auf anderem Wege durchgesetzt werden.

Der Sturm aufs Kapitol in Washington am 6. Januar 2021 und der Sturm auf den Kongress in Brasilia am 9. Januar 2023 veranschaulichen auf erschreckende Weise, wie die Gewalt eskaliert. Weltweit erscheint das, was man als Rechtspopulismus zu fassen versucht, ein Nährboden für eine neue Form der kulturellen Auseinandersetzung zu sein.

Recht und Freiheit werden aber nicht nur »von rechts« infrage gestellt. Man denke an Ausschreitungen wie beim G20-Gipfel der Staats- und Regierungschefs 2017 in Hamburg: Straßenschlachten und brennende Autos. Reinhard Müller weist zudem in der FAZ[14] auf einen »gewalttätige(n) Kampf im Namen des Klimas« hin. Er sieht darin »die größte Gefahr für die freiheitliche Grundordnung«. Es scheint legitim zu sein, das Recht zu brechen, wenn es um höhere Ziele geht. Eine »letzte Generation« verweist auf den »Klimanotfall« und ruft zum Widerstand auf. Was wiederum andere provoziert. Klar, Klimakleber klären nicht auf, sondern klagen an. Provokation ist ihr Programm, ziviler Ungehorsam als Mittel der Auseinandersetzung. Gewiss fragwürdig. Zugleich auch von gewalttätigen Umsturzversuchen zu unterscheiden.

Klar ist jedenfalls: Es ist das hohe Gut rechtsstaatlicher Verfahren, auch die am weitesten reichenden Herausforderungen friedlich zu lösen. Kein noch so hohes Ziel rechtfertigt eine Ausnahme von der Demokratie. Auch ein guter Zweck heiligt nicht alle Mittel.

Wenn die Hoffnung schwindet, schwindet auch das Vertrauen in das Recht. Aber was hilft?

Wie lernen wir »Hoffnungsmenschlichkeit«?

Wie gewinnt eine »letzte Generation« Hoffnung für eine nächste Generation? Wie lernen wir, wieder auf andere zu hören, auch auf diejenigen, die uns in manchen Debatten gegenüberstehen? Das ist in der Gesellschaft und Politik genauso eine Frage wie in Kirchen und Gemeinden. Wie finden wir von einem Rückzug in Schmollecken zu einem offenen Austausch? Wie von Verbissenheit zu Gelassenheit? Wie lernen wir, ein Stück Hoffnungsmenschlichkeit einzuüben?

1. Erkennen, dass wir nicht alles kontrollieren können

Wir brauchen zuerst die Einsicht, dass die Welt unverfügbar ist. Wir haben die Dinge nicht im Griff. Wir schaffen es nicht, die Welt unter die Füße zu kriegen. Wir können nicht alles kontrollieren. Weder technisch noch politisch. Wir können nicht alles steuern und beherrschen. Weder ökonomisch noch ökologisch. Wir können nicht erzwingen, dass alle gleich denken, Wertmaßstäbe übernehmen und nach ihnen handeln oder bestimmte Sprachformen verwenden. Weder sozial noch religiös. Die Welt bleibt unberechenbar, unbeherrschbar und unverfügbar.

Wenn wir uns das eingestehen, werden wir vielleicht schon ein Stück freier. Weniger zwanghaft. Weniger ängstlich. Wir haben die Welt eben nicht in der Hand. Unser eigenes Leben auch nicht. Wir leben davon, dass wir alles empfangen. Je eher wir das akzeptieren, desto eher werden wir frei, zu hoffen. Hoffnungsmenschen entwickeln eine Resilienz gegenüber dem Chaos des Lebens. Eine Widerstandskraft gegen die Monster der Angst, der vermeintlichen Zwänge und gegen den Ruf in die engen Ecken der polarisierenden Polterer.

2. Lernen, mit Zwischenlösungen zu leben

Wir brauchen außerdem die Einsicht, dass wir nichts erreichen, wenn wir immer nur aufs Ganze gehen. Ein Totalanspruch auf das richtige Verständnis der Verhältnisse ist zum Scheitern verurteilt. Es gibt Zwischenlösungen. Das galt während der Coronapandemie mit ihren Einschränkungen. Das gilt beim Klimaschutz und auf dem Weg zu mehr Nachhaltigkeit. Das gilt beim Umbau von Gemeinden und ihren Strukturen. Das gilt bei sozialen und diakonischen Initiativen. Das gilt in der Familie und in vielen persönlichen Fragen. Das gilt bei jedem Umzug, wenn du die Wohnung neu einrichtest. Das Leben besteht aus Zwischenlösungen. Und das ist nicht schlimm. Im Gegenteil: Das kann buchstäblich ein Segen sein.

Schon die Bibel erzählt die alte Geschichte von den Israeliten, die vierzig Jahre lang durch die Wüste ziehen. Ausgebrochen aus der Sklaverei, aufgebrochen aus Ägypten. Ihr Ziel war das Gelobte Land, aber da waren sie nicht in zwei Flugstunden. Vierzig Jahre Wüstenwanderung. Mehr als eine Generation lang unterwegs. Die meisten, die aufgebrochen waren, kamen gar nicht an. Zwischenlösung statt Perfektion. Wüste statt Paradies. Wanderung statt Trauben unter Palmen.

IN DER WÜSTE WURDE DAS VOLK ZU EINER HOFFNUNGSGEMEINSCHAFT.

Das Wundersame ist: Gerade in der Wüste wurde das Volk zu einer Hoffnungsgemeinschaft, ausgerichtet auf das, was kommen sollte. Das große Ziel vor Augen. Das Versprechen Gottes im Ohr und im Herzen: Wir werden eines Tages dort ankommen. Lasst uns lernen, mit Zwischenlösungen zu leben!

3. Unvollkommenes aushalten

Wir brauchen drittens die Bereitschaft, Unvollkommenes auszuhalten. Krisen machen uns kritisch. Überkritisch. Wir hätten es gern einfach und klar. Wenn wir die Welt schon nicht beherrschen und kontrollieren können, wollen wir sie wenigstens erklären. Sie dadurch verfügbar machen, dass wir die Dinge ordnen. Genau wissen, was richtig und falsch ist. Wer es recht sagt und wer danebenliegt.

Alle Krisen bringen Besserwisser und Rechthaber hervor. Die Nörgler auf der Wanderung, die schon immer wussten, dass man bei der letzten Weggabelung falsch abgebogen ist. »Hab ich doch schon immer gesagt. Aber ihr wollt ja nicht hören …« Die Bremser und Verweigerer. »Da mach ich nicht mit … wo kämen wir da hin … das haben wir früher auch nie gemacht!«

Es ist vieles unübersichtlicher geworden. Alte Schubladen passen nicht mehr. In der Politik. In der Kirche. In Gemeinden. Wir sind auf dem Weg. Die perfekte Gemeinde gibt es genauso wenig wie die perfekte Partei. Unsicherheit gehört zum Leben und zum Glauben. Hoffnungsmenschen halten Spannungen aus. Und sie halten Menschen aus, die anders ticken, anders denken, anders glauben.

4. Gewiss statt sicher

Wir brauchen viertens die Entdeckung, dass Gewissheit etwas anderes ist als Sicherheit. Es gilt, beides zu unterscheiden. Das haben schon die alten Reformatoren rund um Martin Luther getan. Sie wussten um die »securitas«, die äußere Sicherheit, die auf sichtbaren, berechenbaren, formulierbaren und kontrollierbaren Kriterien gründet. Dazu zählen etwa die guten Werke, die ein Mensch tut – oder eben nicht tut. Davon unterschieden sie die »certitudo«, die innere Gewissheit, die sich schlicht auf das Versprechen gründet, dass durch Jesus Christus alle Schuld vergeben ist und allein der Glaube gerecht macht.

Sicherheiten brechen weg. Wer nach Sicherheiten sucht, wird immer scheitern. Wer sich auf vermeintliche Sicherheiten gründet, wird entweder verzweifeln oder hochmütig werden. Hoffnungsmenschen verlassen sich. Lassen sich selbst zurück. Lassen ihr Sicherheitsbedürfnis ruhen. Und verlassen sich auf den Gott, der alles gibt. Derjenige, der ihnen das Leben gegeben hat, wird es auch erhalten. Hoffnungsmenschen vertrauen auf einen Gott der Hoffnung.

5. Orientierungssinn statt Standortstreit

Wir brauchen fünftens Orientierungssinn statt ständiger Standortbestimmungen. Natürlich gehört beides zusammen. Wer wissen will, wohin es geht, muss auch eine Ahnung haben, wo er steht. Aber wir kennen unseren aktuellen Standort nicht. Wir haben nicht die Vogelperspektive. Wir sind unterwegs im Dschungel. Wir wissen nicht, was vor uns liegt, wie sich die Dinge entwickeln werden, ob wir alles richtig einschätzen oder nicht. Wir können danebenliegen. Andere auch.

Manche strittigen Debatten kommen mir vor wie ständige Standortbestimmungen. Die Beteiligten suchen die ganze Zeit nach GPS-Daten, um genau sagen zu können, wer wo um wie viel Grad verkehrt liegt. Ein Streit um Standpunkte, bei dem letztlich alle stehen bleiben. Niemand kommt voran. Der Streit lähmt. Gemeinsam geht nichts.

6. Dynamik der Hoffnung

Nun benötigen wir klare Standpunkte, keine Frage. Wie bereits gesagt: Pluralität braucht Positionen. Die Sache ist nur: Wir alle sind auf dem Weg. Wir orientieren uns an gemeinsamen Punkten, an Grundwerten und Grundrechten. Das sind in der Gesellschaft etwa Freiheit, Gerechtigkeit, die Würde des Menschen und seine unveräußerlichen Rechte. Das sind Orientierungspunkte im Dschungel unserer Debatten. Fixsterne, die uns leiten, auch wenn wir nicht genau wissen, wo wir und andere stehen.

In Kirche und Gemeinde ist Jesus Christus selbst dieser Fixstern. Auf diesen Stern schauen wir. Wir bestimmen nicht die Standpunkte von allem und jedem. Aber wir orientieren uns am Fixstern und weisen andere auf diese Orientierung hin. So und nur so kommen wir auf einen gemeinsamen Weg. Hoffnungsmenschen halten diesen Orientierungssinn wach. Wenn wir uns an Fixsternen orientieren, wächst nach und nach wieder Gemeinsinn. Es entsteht eine neue Dynamik.

Diese Bewegung brauchen wir in Kirchen, Gemeinden und Gemeinschaften: Es gibt zu viel Beharren auf Standpunkten und ein beharrliches Abgrenzen von anderen Christen. Die Folge: Viel zu viele ziehen sich immer mehr in ihre Ecken und Winkel zurück und stecken die jeweils »anderen« in fein etikettierte Schubladen. Abgrenzungen allerorten: »Progressive« von »Traditionellen«, »Konservative« von »Liberalen«, eben »recht Glaubende« von vermeintlich »nicht so recht Glaubenden« … das gilt natürlich wechselweise. Und das alles in immer kleiner werdenden Grüppchen und mit wachsender Polemik.

Es ist zum Davonlaufen! Die Kirchen verschiedenster Konfessionen erscheinen nur als ein Spiegelbild der Gesellschaft. Dabei haben sie das Potenzial, die Welt zu verändern. Sie haben eine einzigartige Gabe, die keine andere Institution in die Gesellschaft einbringen kann: die Ressource der Hoffnung. Es ist an den Kirchen, die Hoffnung, die sie haben (!), neu zu entdecken und als Hoffnungsbewegung in die Welt hineinzuwirken. Dazu ist aber eines nötig: der Auftrag, in alle Welt zu gehen und in die Welt einzugehen, sie neu wahrzunehmen. Christenmenschen sind Weltbeweger. Das ist unsere Berufung. Eigentlich. Sie droht in Selbstbeschäftigung, Strukturdebatten und Machtkämpfen unterzugehen.

Die gute Nachricht ist: Hoffnung ist da. Dafür steht der »Gott der Hoffnung«, von dem schon der alte Paulus im Neuen Testament schreibt. Ein neuer Anfang ist möglich. Auch für Kirchen und Gemeinden. Jederzeit.

7. Kommunikation der Hoffnung

Noch etwas sollten wir bewegen. Die Frage nach einer hoffnungsvollen Kommunikation. Wie reden wir miteinander und übereinander? Was schreiben wir und was posten wir auf Social Media, damit Gräben nicht vertieft, sondern wo möglich überwunden werden?

Hoffnungsmenschen kennzeichnet eine hoffnungsvolle Kommunikation. Dazu später mehr.

Der Soldat und das Ei: Eine Hoffnungsgeschichte

Es ist eine alte Geschichte. Eine Kriegsgeschichte, zugleich ein Stück Familiengeschichte. Einer der Vorfahren unserer Familie zog mit der deutschen Wehrmacht in den Zweiten Weltkrieg. Er war ein frommer Mann. Gärtner von Beruf, Friedhofsgärtner. Blumen waren seine Welt, nicht Gewehre, Panzer und Schützengräben. Er hatte Sinn für die Schönheit der Pflanzen, für das Wachstum, für das Leben – für das Marschieren, Kämpfen und Töten dagegen hatte er wenig bis gar nichts übrig. Aber danach wurde nicht gefragt in jenen Jahren. Er wurde eingezogen wie viele andere auch.

So zog er gen Osten. Der große Russlandfeldzug der deutschen Armee, getrieben vom Größenwahn eines nationalistischen und rassistischen Regimes. Obwohl er den Wahn nicht teilte, war er nun auch ein Teil davon. Er, der Gärtner mit dem Sinn für das Schöne. Und er, der Betbruder, der zu Hause regelmäßig die Liebenzeller Gemeinschaft besuchte, jeden Tag in der Bibel las und betete. Nun war er Soldat.

Zeit des Schreckens

Was am 22. Juni 1941 mit dem Überfall der Wehrmacht auf die Sowjetunion begann und nach der Schlacht um Berlin mit der bedingungslosen Kapitulation der Wehrmacht am 8. Mai 1945 endete, war eine Zeit des Schreckens. Die Deutschen hinterließen in großen Teilen verbrannte Erde. Häuser wurden niedergebrannt, Betriebe zerstört, Brunnen vergiftet. Alles sollte dem Boden gleichgemacht, kein Dorf, kein Haus ausgespart werden. Entsprechend wüteten Soldaten der Roten Armee bei ihren Rückeroberungen auf dem Vormarsch Richtung Westen.

Die Schreckensjahre des 20. Jahrhunderts sind in den Geschichtsbüchern dokumentiert. Die tausend kleinen persönlichen Geschichten werden hingegen nur erzählt. Auch die eine kleine Geschichte des betenden Soldaten.

Unzählige Kilometer legte er zurück. Immer wieder kam er in den Weiten Russlands mit einer kleinen Gruppe von Kameraden auf Bauernhöfen unter. Sie wurden nicht als Gäste empfangen. Die Truppe nahm Höfe in Beschlag, blieb einige Tage dort und zog dann weiter. Die Soldaten saßen am fremden Tisch der Bauernfamilie, sie schliefen in den Zimmern des Hauses. Sie waren – um es gelinde auszudrücken – ungebetene Gäste. Eindringlinge. Störenfriede. Feinde. Gefürchtet. Gehasst. Und nur erzwungenermaßen geduldet.

Eine wertvolle Gabe

Beim Aufbruch von einem solchen Bauernhof erlebte der Soldat eines Tages eine Überraschung, von der er Jahre später noch erzählen sollte. Seine Kameraden waren schon vorausgegangen. Auch er hatte seine Utensilien geschultert, um den Hof zu verlassen. Es hatte kein Willkommen gegeben, also auch keinen Abschied. Er grüßte kurz, hob die Hand und nickte der Bauernfamilie zu. Und da geschah es. Die Bauersfrau zog ein Ei aus ihrer Schürze, das sie am Morgen aus dem Hühnerstall geholt hatte. Sie steckte es dem Soldaten zu. Völlig verdutzt sah er sie an.

WIE KAM DIESE FRAU, DIE MIT IHRER FAMILIE SELBST SO WENIG HATTE, DAZU, IHM EIN EI ZU GEBEN?

Ein Ei war wertvoll in diesen Zeiten. Ein kleines Stück Luxus. Wertvolle Kalorien in kargen Tagen. Wie kam diese Frau, die mit ihrer Familie selbst so wenig hatte, dazu, ihm ein Ei zu geben? Warum ein Abschiedsgeschenk für einen Soldaten aus der Fremde, der mit seiner Armee so viel Kummer über ihr Land brachte? Warum diese Freundschaftsgeste für einen, der zu den Feinden gehörte?

Mit Worten erklären konnte sie es nicht. Sie sprach kein Wort Deutsch, er kein Russisch. Sie machte nur eine Geste – gefaltete Hände – und zeigte dann mit dem Finger auf ihn. Sollte heißen: »Du hast immer gebetet. Wir beten auch. Über alle Grenzen und Feindschaften hinweg verbindet uns etwas: der Glaube an einen Gott.«

Tatsächlich war es so gewesen: Der Soldat hatte auch auf dem Feldzug vor jedem Essen die Hände gefaltet und kurz gebetet. Der leise Spott der Kameraden war ihm gleich. Es gehörte zu seinen Ritualen. Vor jeder Mahlzeit. Wie spärlich diese auch ausfiel, wie jämmerlich sie schmeckte, wie kärglich das Mahl auch war – immer faltete er kurz die Hände. Er konnte gar nicht anders. Genau das hatte die russische Bauersfrau still beobachtet. Und diese Verbundenheit drückte sie mit ihrem kleinen, aber so wertvollen Geschenk aus. Offenbar war auch sie selbst eine Beterin. Vielleicht mit einem anderen Glauben, vielleicht einer anderen Konfession zugehörig, aber offenbar mit einem Sinn für so etwas wie Gottesfurcht.

Der Soldat erzählte später seinen Kindern und Enkeln von dieser Frau und jenem Ei. Er habe es mit größtem Genuss roh getrunken. Bei diesem Teil der Geschichte rümpften immer alle die Nase und verzogen das Gesicht. Ein rohes Ei trinken … wahrscheinlich kann kaum jemand der Nachgeborenen den Genuss und die Freude so ganz nachvollziehen. Dann war er weitergezogen. Ein dankbarer Blick. Ein letzter Gruß. Und der Marsch ging weiter.

Nie wieder hatte er etwas von dieser Bauernfamilie und ihrem Schicksal erfahren. Aber die Geschichte erzählte er immer wieder. In unserer Familie wird sie bis heute weitererzählt, obwohl er längst gestorben ist.

Ein Hoffnungszeichen

Wie gesagt: eine kleine Geschichte. Ist sie überhaupt der Rede wert? Soll man in diesen Zeiten ernsthaft von einem rohen Ei im Russland der 40er-Jahre erzählen?

Ja, man soll! Denn für den Soldaten war diese kleine Geste ein Zeichen des Himmels in der Hölle des Krieges. Mitten in dem Land, in das sie als Feinde eindrangen, war es ein Gruß, eine kleine menschliche Zuwendung, ein Zeichen der Verbundenheit. Es war nicht der Dank dafür, dass sie das Haus nicht zerstört und sich anständig verhalten hatten – es war Ausdruck dessen, dass Menschen jenseits ihrer Nationalität, ihrer Machthaber und ihrer Prägungen durch das Vertrauen auf einen Höheren verbunden sind. Ein Ausdruck für Mitmenschlichkeit und gegenseitige Achtung. Ein Hoffnungszeichen. Dem Soldaten war es in den folgenden Monaten eine Kraftquelle. Dieses Ei gab ihm mehr Energie, als es sich in Nährwerten je ausdrücken ließe.

Das ist die Erfahrung von Hoffnungsmenschen. Sie nehmen andere an. Sie nehmen Fremde auf. Sie wissen um einen Gott der Hoffnung, bei dem alle willkommen sind. Freunde. Fremde. Sogar Feinde. Hoffnungsmenschen haben im Herzen, dass ihnen alles geschenkt ist: Heimat. Hoffnung. Heil. Darum sind sie dankbar. Darum beten sie und danken Gott für alles. Darum schenken sie weiter, was sie selbst empfangen.

So wird etwas möglich, was in dieser Welt eigentlich unmöglich ist: Versöhnung. So ist Leben möglich. Zusammenleben. So kommt es in den dunkelsten Zeiten der Geschichte und unseres Lebens zu den kleinen und doch wundervollen Überraschungen, die alle Abweisung durchbrechen.

Für mich ist sie eine Hoffnungsgeschichte, die kleine Geschichte vom Soldaten und dem Ei.

3

Eine schöne Erinnerung an die Zukunft

Welche Hoffnung es für die Kirchen gibt

Wie finden wir vom Krisenmodus in den Hoffnungsmodus? – Das ist die große Frage, wenn wir in die Welt sehen. Die Welt ist bedroht und wird selbst bedrohlich. Die Zukunft scheint zunehmend besetzt: angstbesetzt. Es ist, als gäbe es keine Verheißung, die Perspektiven öffnet. Keine Hoffnung, die trägt. Keine Zuversicht. Das müsste in der Kirche doch anders sein, oder nicht?

Kollektive Kirchen-Lähmung

Die Kirchen in Westeuropa stecken in einer Krise historischen Ausmaßes. Das lässt sich inzwischen völlig nüchtern und ohne Panik feststellen. Längst bekannt und benannt. Längst hat eine Lähmung eingesetzt. Die Schockstarre scheint noch nicht gelöst. Die Fakten sind zu dramatisch. Ihre Wirkung sickert nach und nach durch die Ritzen der kirchlichen Strukturen in alle Regionen, Ebenen und Arbeitsbereiche hinein. Die Krise tropft ins Bewusstsein und lähmt die Glieder am Leib Christi. Es scheint, als würde jede Hoffnung wegsediert.

Kirchen in der Krise

Der Mitgliederschwund wurde vor wenigen Jahren durch die inzwischen berüchtigte Freiburger Studie[15] in eine konkrete Prognose gefasst: in knapp vierzig Jahren halb so viele Mitglieder wie bis vor Kurzem. Für die Gliedkirchen der Evangelischen Kirche in Deutschland (EKD) bedeutet das: Rückgang der Mitglieder von 21,5 Millionen im Jahr 2017 auf 10,5 Millionen im Jahr 2060. Die Faktoren sind bekannt: die demografische Entwicklung, weniger Taufen, steigende Austrittszahlen und mit alldem einhergehend ein wachsender Relevanzverlust der Kirchen und des Christentums in Deutschland und weiten Teilen Europas. Coronakrise, Missbrauchsskandal, fortschreitende Entkirchlichung haben die Entwicklung beschleunigt. Man hüte sich davor, das alles nur als Thema der großen Kirchen anzusehen – alle sind betroffen: Freikirchen, Gemeinschaften, Vereine, diakonische Initiativen. Es geht längst um die Bedeutung des christlichen Glaubens an sich.

Wenn gesellschaftliche Institutionen oder Unternehmen in die Krise geraten, schreiben sie in der Regel Zukunftspapiere, veranstalten Zukunftswerkstätten und Zukunftskongresse, sie gestalten Zukunftsprozesse und beschreiben Zukunftsperspektiven. So auch die Kirchen und viele christliche Werke und Verbände. Allein die manchmal inflationäre Beschwörung der Zukunft ist mit recht hoher Wahrscheinlichkeit ein Krisensymptom.

Dabei wissen wir: Das muss nichts Schlechtes bedeuten. Denn Krise heißt ja, wir befinden uns in einer Entscheidungssituation. Krisen sind eben auch Geburtsstunden. Krisen sind Zeiten, in denen sich das Wesen eines Menschen, die Kraft eines Unternehmens und der Geist einer Bewegung zeigen. Auch der Charakter einer Institution. Krisen sind der Testfall, in dem zum Eigentlichen zurückgefunden werden muss. Es gilt, die Hoffnung wiederzufinden. Die Chancen zu entdecken. Und den Sinn für das Mögliche zu schärfen.

Wenn die Zukunft droht

Dass Zuversicht fehlt – das schrieb der frühere Vizepräsident des Kirchenamtes der EKD Thies Gundlach Ende Dezember 2020. Er erläuterte die sogenannten »Zwölf Leitsätze zur Zukunft einer aufgeschlossenen Kirche«, die die Synode der EKD kurz zuvor verabschiedet hatte. Mit Verweis auf den Soziologen Heinz Bude stellt er fest: Heute dominiere das »Lebensgefühl, dass Zukunft keine Verheißung mehr sei, sondern schlechtere Bedingungen für alle bereithalte«. Und zugespitzt im selben Artikel: »Die Zukunft droht eher, als dass sie lockt und verheißt.«[16]

Dieses Klima bestimmt auch die Kirchen. Es legt sich wie eine Art emotionaler Mehltau auf die Seelen der Verantwortlichen:

> Das Grundgefühl heute, Anfang der Zwanzigerjahre des 21. Jahrhunderts, stellt sich in unserer Kirche als eine Art »Übergangs-Bewusstsein« dar, eine grundlegende Transformationsahnung, die im Kern dies wahrnimmt: Die institutionell verfasste Frömmigkeit verliert ihre Resonanz in den Herzen der Menschen und damit ihre Relevanz und öffentliche Plausibilität.[17]

Die Einsicht greift tief. Es gibt nicht nur einen Relevanz-Verlust der Kirchen und Gemeinden, sondern einen Resonanz-Verlust ihres Glaubens. Die Leitsätze der EKD sollen die Kirchen neu orientieren. Darin diagnostiziert die Kirche selbst eine tief liegende

»Glaubenskrise«[18]. Der eigene Glaube überzeugt nicht mehr. In den eigenen Reihen nicht. Und darüber hinaus in der Bevölkerung schon gar nicht.

Ich spitze es einmal zu: Unsere Kirchen leiden an einer Hoffnungskrise. Wir erwarten nichts mehr. Wir erwarten nicht mehr, dass es einen Gott gibt, der handelt und dem nichts unmöglich ist. Wir rechnen nicht mit den Möglichkeiten Gottes. Wir sehen nicht über das hinaus, was jetzt ist. Wir sehen nicht die alternative Zukunft, die werden könnte. Wir erwarten keine Wende und keinen Wandel. Wir fügen uns in vermeintlich Festgelegtes und Festgeschriebenes.

UNSERE KIRCHEN LEIDEN AN EINER HOFFNUNGSKRISE.

Das ist das Gegenteil von Hoffnung. Wir rechnen gar nicht mehr ernsthaft damit, dass sich etwas ändert. Wir trauen unseren »good news« nicht mehr zu, dass sie Wirkung entfalten. Wir sehen uns nicht als Pionierinnen und Pioniere einer neuen Welt. Wir gestalten nicht. Wir verwalten. Uns selbst. Als Kirchen, Gemeinden und Gemeinschaften. Wir verwalten unseren Rückzug in die gesellschaftliche Bedeutungslosigkeit. Abbau von Pfarrstellen. Abwicklung von Werken. Abverkauf von Immobilien. Wir sehen nur, dass wir kleiner, älter und ärmer werden. Stimmt. Das ist nicht zu leugnen. Es geht nicht darum, uns etwas anderes vorzugaukeln und uns der Realität nicht zu stellen. Es geht nicht um Traumtänzerei.

Aber es geht darum, den Möglichkeitssinn zu wecken. Den Traum eines Martin Luther King zu träumen und zu teilen. Den

Orientierungssinn zu schärfen, der uns auf den Fixstern ausrichtet. Es geht darum, die Hoffnung wiederzuentdecken. Das, was uns doch eigentlich ausmacht. Bescheiden. Schlicht. Es nicht selbst machen wollen. Kein Aufruf zum Aktionismus. Auch nicht zur Lethargie. Aber zu einer tiefen Gelassenheit.

Welche Hoffnung es für die Kirchen gibt

Was wir hoffen, bestimmt unser Handeln. Wir nehmen den Raum ein, den uns unsere Hoffnung eröffnet. Als Kirchen müssten wir eigentlich mehr Hoffnungspotenzial haben und entfalten als alle anderen gesellschaftlichen Institutionen. Das zeigt schon der Kalender:

- Wir Christen glauben, dass Gott in diese Welt gekommen und Mensch geworden ist – das feiern wir an Weihnachten.
- Wir glauben, dass dieser Jesus am Kreuz für uns gestorben ist – daran denken wir an Karfreitag.
- Wir glauben, dass dieser Gekreuzigte nach drei Tagen auferstanden ist – das feiern wir an Ostern.
- Wir glauben, dass dieser Auferstandene lebt und die Welt in seiner Hand hält – das feiern wir an Himmelfahrt.
- Und wir glauben, dass der Geist dieses Gottes in uns wohnt, uns erfüllt und leitet – das feiern wir an Pfingsten.

Hallo?! Kann man eigentlich mehr erhoffen und mehr erwarten? Wenn nicht einmal der Tod das letzte Wort hat?! Die Kirchen sind doch die Hoffnungsgemeinschaft schlechthin!

Die Hoffnungsgemeinschaft

Hinzu kommt, was dieser Jesus gesagt hat. Lauter Versprechen, wir nennen sie Verheißungen. Er sei bei uns alle Tage bis an das Ende der Welt. Hat er gesagt. Getrost sollen wir sein, wenn die Angst uns überfällt, denn er habe die Welt überwunden. Hat er gesagt. Er werde am Ende der Zeit wiederkommen und einen neuen Himmel und eine neue Erde schenken. Hat er gesagt. Wer das hört, kann doch gar nicht anders: Der muss zum Hoffnungsmensch werden. Genau so ist es ja: Hoffnung heißt, das zu erwarten, was uns versprochen ist. Hoffen wächst aus dem Hören. Sich neu sagen lassen, was gilt, was hält und was trägt.

CHRIST ZU SEIN, BEDEUTET NICHT, ALLES BEGRIFFEN ZU HABEN, SONDERN VON HOFFNUNG ERGRIFFEN ZU SEIN.

Von Gabriel Marcel wird ein herrliches Bonmot überliefert: Hoffnung sei »eine schöne Erinnerung an die Zukunft«. Eine großartige Formulierung. Sie trifft genau das, was ich als Christ empfinde. Ich erinnere mich an die Versprechen Gottes, in denen meine Zukunft schon steckt. Als Gemeinschaft von Christen erinnern wir uns gemeinsam an das, was uns verbindet und ausmacht: Jesus ist der Hoffnungsmensch schlechthin. Er lebt. Er hat den Tod hinter sich. Das kann sonst niemand von sich sagen. Auferstanden: leibhaftige Hoffnung. Ja, das ist ein Wunder. Nicht zu begreifen und nicht zu beweisen. Es ist eben eine Hoffnungsgeschichte. Hoffnung begegnet uns im Modus des Erzählens. Sie wird geteilt. Verbreitet. Sie steckt an. Sie ergreift uns. Christ zu sein, bedeutet nicht, alles begriffen zu haben, sondern von Hoffnung ergriffen zu sein.

Hoffen wächst
aus dem Hören.

Sich neu sagen lassen, was gilt,
was hält und was trägt.

»Hat der Himmel fertig?«

Es gibt also allen Grund zur Hoffnung. Sie ist da. Aber sie scheint nicht zum Tragen zu kommen. Vielleicht, weil wir uns in den Kirchen und als Kirchen zu wenig tragen lassen? Weil wir selbst groß sein und etwas darstellen wollen? Weil wir immer noch Privilegien vergangener Zeiten festhalten und verteidigen wollen? Weil wir zu sehr mit Steuermitteln, Staatsleistungen und Strukturfragen beschäftigt und innerlich belegt sind?

Ich bin vorsichtig. All diese Themen sind ja wichtig. Ohne Finanzen und Strukturen geht es nicht. Aber unsere Hoffnung und unsere Strahlkraft in die Welt hinein hängen nicht vom äußeren Status ab. Darum ist es schon eine echte Frage: Leben wir zu wenig aus den großen geistlichen Ressourcen, die uns doch gegeben sind? Müssen wir die Quellen wieder neu entdecken?

Kirchliche Aufbrüche hatten jedenfalls schon in den vergangenen Jahrhunderten immer wieder damit zu tun, dass man den Weg zu den Quellen gesucht hat. »Ad fontes«, hieß die Losung. Die Welt braucht keine starke oder reiche Kirche, sondern eine geistreiche. Eine, die ein Stück Himmel auf die Erde bringt und die Welt verändert. Aber tun wir das?

»Hat der Himmel fertig?«, so fragt Rolf-Herbert Peters kurz vor dem zweiten Corona-Weihnachten im Jahr 2021 im »Stern«. Er notiert: Es hagele Hiobsbotschaften. Weltweit über fünf Millionen Coronatote, achtzig Millionen Menschen auf der Flucht, Radikalisierungen allerorten, Inflation … – und dazu noch dies: »Tausende Priester sind in Wahrheit miese Kinderschänder.« All das seien »wahre Hiobsbotschaften«.[19]

Auch in der Folge reißen sie nicht ab. Im Gegenteil, mehr denn je bestimmen die drei »M« die binnenkirchliche Mentalität: Missbrauchsskandale, Misstrauen gegenüber der Kirche, Mitgliederschwund. Das Erschrecken ist überkonfessionell. Im gleichen Magazin sagt der katholische Limburger Bischof Georg Bätzing: »Die Menschen exkommunizieren uns aus ihrem Leben.«[20]

Die Welt bestellt, aber die Kirche liefert nicht

Hat der Himmel also fertig? – Man könnte es meinen. Seine irdischen Institutionen jedenfalls kriseln kräftig. Dabei werfen die angedeuteten Hiobsbotschaften große Fragen auf, auf die viele Menschen Antworten suchen. Die zitierte Titel-Story ist ja nicht auf Kirchen-Bashing aus, sondern überschrieben mit der Frage: »Was gibt uns jetzt noch Halt?«[21] Selten waren Hilfe, Halt und Hoffnung so gefragt wie heute. Doch eine schuldige Kirche bleibt offenbar Antworten schuldig. Die Welt bestellt, aber die Kirche liefert nicht. Stimmt dieser Eindruck?

Reflexartig widersprechen wir Kirchenleute: »Wir waren doch da. Während Corona und auch sonst. Wir haben doch viel gesagt, viel zugehört und viel gemacht.«

Ja, stimmt. Wir versuchen alles. Wir mühen uns ernsthaft. Missionarisch, diakonisch, politisch, strukturell: Wir tun alles, um gegen die Hiobsbotschaften-Dynamik anzugehen. Wir feiern Hoffnungsfeste. Wir schicken Schiffe. Ja, wir streiten auch darüber, wer von uns auf dem falschen Dampfer sei, aber wir setzen uns alle ein – und überfordern uns dabei selbst. Wir ahnen: Bald haben wir fertig. Aber, und darauf kommt es an: Der Himmel noch lange nicht!

Verwegen vertrauen: Gott ist lebendig

Wir vergessen allzu oft: Gott lebt. Gott handelt. Gott ist souverän und lässt die Welt nicht los. Im Gegenteil: Er führt sie zu seinem Ziel.

Dieser Einwand mag naiv klingen. Ist er auch im besten Sinne des Wortes. Ich bin zutiefst davon überzeugt: Wir brauchen mehr Vertrauen auf den lebendigen Gott. Die These des Bochumer Theologen Günter Thomas ist bedenkenswert: »Gottes Lebendigkeit aus den Augen verloren zu haben …, ist das grundlegendste Problem der Relevanzkrise und der Mitgliederkrise der Kirche.«[22]

Darum mein trinitarischer Appell:

Lasst uns gottesbewusster und selbstvergessener sein! – Vertrauen, dass Gott Schöpfer ist und kontinuierlich am Werk bleibt.

Lasst uns christusgewisser und krisengelassener werden! – Vertrauen, dass Jesus Christus versöhnt und dass der Gott vom Kreuz Krise kann, auch Kirchenkrise.

Lasst uns geistesgegenwärtiger leben und mutiger hoffen. – Vertrauen, dass Gott heute da ist, unsere Bitten und Klagen hört und sein Reich baut.

Das bedeutet es, mit Gottes Lebendigkeit zu rechnen: ehrlich bekennen, engagiert handeln und erwartungsvoll beten.

Das klingt nun fast wie eine religiöse Übung. Als wäre Hoffen nichts für »religiös unmusikalische« Menschen. Aber das stimmt nicht. Wir Menschen sind auf Hoffnung hin angelegt. Richtig ist zugleich auch: Hoffnung muss eingeübt werden. Hoffnung muss sich bewähren. Gerade in den Krisen unserer Zeit. Wenn es um die Hoffnung geht, die Christen haben, dann muss sie sichtbar, spürbar, erfahrbar werden. Und da reicht es nicht, nur von Hoffnung zu erzählen. Alles, was wir reden und schreiben, sollte von einer Haltung des Respekts, der Achtung und von Wertschätzung geprägt sein. Wahrhaftig und besonnen sollten wir uns äußern, wenn wir glaubwürdig sein wollen. Wir brauchen eine Kommunikation der Hoffnung!

Leider sind wir als Christinnen und Christen da nicht immer die besten Vorbilder. Aber wir sind gefragt, auch in öffentlichen Debatten. Es geht nicht nur darum, was wir sagen, sondern um die Art und Weise, wie wir uns in öffentliche Diskurse einbringen. Gerade dann, wenn es heiß hergeht.

Hoffnung statt Hetze

Corona, Klimawandel, Flüchtlinge, Gender, Lützerath… – ein paar Stichworte genügen, und die Wellen schlagen hoch. Mehr Empörung war selten. In unseren öffentlichen Debatten herrscht »die große Gereiztheit«, wie der Tübinger Medienwissenschaftler Bernhard Pörksen treffend formuliert.[23] Es scheint, als gäbe es nur noch Schwarz und Weiß. Wer anders denkt, wird diffamiert oder lächerlich gemacht. Häme und Hetze bestimmen viele Diskurse in den Medien. Die Verantwortung dafür schieben wir gerne auf »die anderen«. Bereits 2016 bemerkte Lenz Jacobsen in der ZEIT: »Die Hetzer, das sind immer die anderen.«[24]

Ein Wut-Christentum hat keine Verheißung

Leider ist das unter Christen nicht anders. Nur kommen zu den bekannten Stichworten noch ein paar weitere dazu, etwa Fragen nach Mission, nach Bibelkritik und Fundamentalismus, verschiedenen Themen der Sexualethik, nach Waffenlieferungen, nach Klimaschutz und Lebensschutz… Viele wichtige Themen, keineswegs beliebig, aber die Art und Weise, wie viele Debatten geführt werden, ist beschämend.

»Die Zunge kann kein Mensch zähmen, das aufrührerische Übel, voll tödlichen Gifts«, so mahnt bereits Jakobus in seinem Brief im Neuen Testament (Jakobus 3,8). Und der weise Salomo weiß: »Tod und Leben stehen in der Zunge Gewalt« (Sprüche 18,21). Was die Zunge tut, können die Finger genauso, wenn sie über Displays wischen und über Tastaturen huschen: Es wird kommentiert und karikiert, verzeichnet und verleumdet, gelästert und gelogen. Oft werden nur Schlagzeilen gelesen, und dann wird auf Facebook, Instagram und Co. hemmungslos zugeschlagen.

Auch wir Christen sind mehr, als uns guttut, vom Zeitgeist der kollektiven Erregung bestimmt. Neben das Wut-Bürgertum tritt ein Wut-Christentum. Das aber hat keine Verheißung. Von Zuversicht und Gelassenheit ist es meilenweit entfernt. Von Vertrauen auf einen Gott, der alles in seiner Hand hält, ist wenig zu spüren. Man empfindet kaum etwas von der Hoffnung, dass die Geschichte ein Ziel hat und unsere Gegenwart im Horizont der Zukunft Gottes steht. Von Liebe noch weniger – weder gegenüber den Feinden noch gegenüber den Freunden, den Nächsten oder den Geschwistern.

Damit wir uns recht verstehen: Um die Wahrheit muss gerungen werden. Klarheit in der Sache hilft und gibt Orientierung. Eine falsche Harmonie will niemand. Es geht auch nicht darum, einzelne Worte auf die Goldwaage zu legen, jeder Mensch vergreift sich mal im Ton oder in der Wortwahl. Es geht um Grundlegendes: In aller Regel sind die Themen komplex, sensibel und vielschichtig. Wir werden der Sache und den Menschen nicht gerecht, wenn wir nur Parolen verbreiten. Was uns abhandenkommt, ist die Fähigkeit zu differenzieren.

Wo aber die Differenzierung schwindet, hat es die Wahrheit schwer. Wir versäumen es, auf andere zu hören, besonnen und nüchtern abzuwägen und gelassen zu bleiben. Bevor wir ein Gespräch beginnen, sind wir oft schon fertig. Damit liegen wir ganz im gesellschaftlichen Trend: Wir ringen nicht mehr – weder um die Wahrheit noch um »die anderen«. Wir halten Spannungen nicht aus. Wir akzeptieren keine Zwischenlösungen. Wir pochen auf Standpunkte und sind nicht bereit, Orientierung zu suchen. Wir werden dünnhäutig. Gereizt statt gelassen. Gelassenheit aber ist eine unterschätzte Gabe des Heiligen Geistes.

**WO HÄME, HASS UND HETZE HALLEN,
HÄLT ES HOFFNUNG NICHT AUS.**

Die Sprache verroht. Worte verletzen oder vernichten sogar. Kommunikation wird destruktiv. Wo Häme, Hass und Hetze hallen, hält es Hoffnung nicht aus. Herzen werden hart.

Was an den Rändern des politischen Spektrums eskaliert, wirkt in die Mitte hinein. Genau davon sind auch die Debatten in Kirchen, Gemeinden und den christlichen Medien betroffen. Öffentliche Debatten werden immer stärker polarisiert. Wie abfällig Christen teilweise übereinander reden, empfinde ich als beschämend. Mal werden die einen pauschal verunglimpft, mal die anderen diffamiert. Meist geschieht das reflexhaft und allzu schnell. Vertreter gegensätzlicher Fronten reizen sich gegenseitig und heizen die Debatten an. Ganze Portale, Blogs und Videopodcasts leben davon.

Im Medienzeitalter der kollektiven Erregung hat's die Differenzierung schwer und die Wahrheit erst recht. Bernhard Pörksen spricht zu Recht von einer »Wahrheitskrise«. Die meisten News gehen in Echtzeit raus, ungefiltert und ungeprüft. Je emotionaler, desto rasanter geistern sie durchs Netz. Posts, Storys und Reels schaffen ihre eigene Welt, oft fernab der Wirklichkeit. Es ist daran zu erinnern: Auch halbe Wahrheiten sind ganze Lügen.

Wie verwundete Tiere

In der neuen Medienwelt verhalten wir uns wie verwundete Tiere: Wir ziehen uns zurück und werden bissig, sobald uns jemand zu nahe kommt. Wir lassen nur noch an uns heran, was wir ohnehin für richtig halten. Was uns bestätigt, nehmen wir an. Wir kultivieren unsere Vorurteile. Wir pflegen unsere »Ich-hab's-ja-schon-immer-gewusst«-Mentalität. Unsere »Das-war-ja-klar«-Haltung. Unsere »Wie-doof-ist-die-denn«-Abneigung.

Was uns infrage stellt, nehmen wir kaum noch wahr. Was uns herausfordert oder gar widerspricht, lassen wir nicht an uns heran. Wir leben wie andere auch in unserer Bubble, in den viel beschworenen Filterblasen und Echokammern. Wir hören das, was wir selbst gerne sagen. Wir bekommen von den Algorithmen das zu sehen, was wir gerne lesen. Wir bestätigen uns selbst und bleiben bei uns selbst. Dabei werden wir anfällig für sogenannte »alternative Fakten«, »fake news«, schlicht gesagt: für Falschmeldungen oft subtiler Art. Aber weil sie uns bestätigen, hören wir sie gern. Pikant dabei: Der ganz auf sich selbst bezogene und in sich selbst verkrümmte Mensch war den Reformatoren das Urbild des Sünders.

Wir sollten jedoch nicht tierisch bissig kommunizieren, sondern hoffnungsmenschlich. Darum stellt sich die Frage: Wie kommen wir in unserer Kommunikation auf eine Hoffnungsspur?

Natürlich ist das zuerst eine Frage der Haltung. Wer innerlich gehalten ist, postet weniger ungehalten. Die folgenden Prüffragen können helfen, eine Hoffnungshaltung einzunehmen. Sie hinterfragen kritisch, was uns leitet, motiviert und antreibt. Ich empfehle mir und jedem Menschen, uns diese zu stellen, bevor wir kommunizieren:

1. Würde ich das, was ich jetzt schreibe, auch öffentlich sagen?
2. Würde ich das, was ich über eine andere Person behaupte, auch sagen, wenn ich ihr dabei in die Augen sehen müsste?
3. Was motiviert mich dazu, es zu schreiben? Will ich möglichst viel Zustimmung, Effekt und Anerkennung?
4. Auf wessen Kosten geht, was ich hier sage? Und wem nützt es?
5. Worin könnte mein Gegenüber recht haben? – Bevor ich jemanden kritisiere, will ich drei gute Gründe und Anliegen suchen, die mein Gegenüber zu seiner Aussage bringen. Auch wenn ich vieles anders sehe, frage ich nach den berechtigten Anliegen der anderen. Dadurch verändert sich vielleicht nicht meine Position, aber der Ton, in dem ich rede. Und bekanntlich macht der die Musik. Für Christen hat die Frage noch eine weitere Dimension. Wir können fragen: Was hat der »Christus in meinem Gegenüber« mir zu sagen?
6. Was sind mögliche Konsequenzen dessen, was ich sage oder schreibe? Kann und will ich dafür die Verantwortung übernehmen? – Wir sind verantwortlich für unsere Worte und ihre Folgen.
7. Bin ich eigentlich ehrlich? Meine ich es so und sage ich es auch so? – Ehrlich zu sein ist die Basis von allem. Nicht nur in dem, was wir sagen, sondern auch in dem, was wir verschweigen.
8. Stehe ich persönlich für das ein, was ich kundtue? – Für das, was wir sagen, haben wir persönlich geradezustehen. Es ist nicht akzeptabel, wenn anonym oder unter falschem

Namen im Internet Thesen verbreitet werden, die kein Mensch überprüfen und nachverfolgen kann. Anonymität ist schlicht feige. So zerstören wir unser gesellschaftliches Klima. Je unehrlicher und unpersönlicher wir reden, desto weniger Vertrauen gibt es in unserem Land. Christen sollten für eine vertrauensvolle, offene Kommunikation einstehen.

9. Unterscheide ich, was verschieden ist, oder vermische ich, was nicht zusammengehört? Verbreite ich pauschale Allgemeinplätze? – Wer Vertrauen gewinnen will, muss differenziert reden. Unsere Welt ist so komplex, dass platte und einfache Antworten oft nicht genügen. Es gilt, die Dinge differenziert zu betrachten, sorgsam abzuwägen und dann auch klar Position zu beziehen. Natürlich kommen wir ohne Zuspitzungen nicht aus. Aber platte Pauschalitäten sollten wir vermeiden.
10. Ist alles, was ich sage und schreibe, von Respekt getragen? Respekt für mein Gegenüber und Respekt gegenüber denen, über die ich rede? – Wer keine Achtung zeigt, wird verächtlich. Nur wenn wir respektvoll miteinander und übereinander reden, achten wir die Würde der anderen.

Klar ist: Wir brauchen einen kommunikativen Klimawandel. Von destruktiven Parolen hin zu einem hoffnungsvollen Hören und Reden. Von der Hate-Speech zur Hope-Speech.

Die Kunst der Ehrlichkeit

Die Kunst der Ehrlichkeit besteht darin, die Dinge für sich zu behalten, die man nicht weiß. – Würden wir uns mehr in dieser Kunst üben, wäre der Welt schon manches Gerücht erspart geblieben.

Viele handfeste Lügen wohl auch. Aber wir lassen uns eben leicht zum Tratschen verführen. Was schon für die seichte Unterhaltung am Gartenzaun oder am Stammtisch galt, stimmt auch fürs digitale Gezwitscher auf Twitter, Facebook, Insta und Co. »Fake news« gehören von Anfang an zur Geschichte der Menschheit. Was hilft?

Sicher ein Verweis auf Gebote und gute Regeln. Das Gebot, nicht zu lügen, hat es immerhin in die Top Ten der biblischen Gebote geschafft. Manchmal hilft es aber auch, die Dinge und sich selbst nicht ganz so ernst zu nehmen – das ist ein großer Schritt auf dem Weg zu mehr Leichtigkeit. Das hat nichts mit Leichtfertigkeit zu tun, sondern mit der Erfahrung, getragen zu werden. Wer die Welt nicht selbst retten muss, lebt entspannter.

DIE KUNST DER EHRLICHKEIT BESTEHT DARIN, DIE DINGE FÜR SICH ZU BEHALTEN, DIE MAN NICHT WEISS.

Solches Vertrauen befreit. Und es hilft dabei, ehrlich zu werden. Das gilt für uns als Einzelne ebenso wie für Gemeinschaften von Menschen, also auch für Kirchen und Gemeinden. Ich bin davon überzeugt: Über die missionarische Kraft der Kirchen entscheiden nicht zuerst missionarische Konzepte oder womöglich strukturelle Anpassungen. Entscheidend für die Ausstrahlung einer Gemeinschaft ist schlicht, ob man dort ehrlich sein darf oder nicht. Ob sich dort alle etwas vormachen, vorgeben, etwas zu sein, was sie in Wahrheit gar nicht sind – oder ob Menschen schwach sein dürfen, nicht perfekt, fehlerhaft. Ob Menschen angenommen werden oder nicht. Wo sich Menschen ehrlich begegnen, wo jeder und jede ankommen kann, wo man offen und ehrlich ist, da geht man gerne hin.

Von einer Kultur der Gnade und Räumen der Hoffnung

Bis sie etwa 30 Jahre alt war, hat Yasmin nie eine Kirche von innen gesehen. Kirche war, genauso wie der nach der Wende aus dem Boden gestampfte Golfklub in ihrer Region, schlicht eine andere Welt. Gab es, aber war nicht ihres. Sie hätte gar nicht gewusst, was sie dort soll, was man dort macht und wie man sich dort bewegt. Sie kannte auch niemanden näher, der da hinging oder nur irgendwie persönlich mit Kirche, Glauben und solchen Dingen zu tun hatte. In der Hinsicht war Yasmin kein Sonderfall.

Aufgewachsen im Osten Deutschlands. Dort ging sie in die Krippe, zur Schule und machte eine Ausbildung als Friseurin. Später zog sie in eine Kleinstadt im Westen, zusammen mit ihren beiden Kindern. Alexander geht inzwischen in die Grundschule, Paula in den Kindergarten. In ihrer neuen Heimat hat sie einen Mann gefunden, mit dem sie eine große Wohnung bezogen hat. Vor knapp zwei Jahren hat sie ein eigenes Friseurgeschäft aufgemacht. Sie hat den Laden übernommen, in dem sie zuvor gearbeitet hat, weil dessen Inhaberin in Rente ging.

Yasmin baut etwas auf. Sie ist ehrgeizig, fleißig und jetzt Unternehmerin. Vieles ist neu in ihrem Leben. Auch dass sie in die Kirche geht. Seit vielleicht einem Jahr. Das ist ein kleines Wunder.

Angenommen

Das Lebensmotto von Jesus von Nazareth lautete in etwa: »Wer zu mir kommt, den weise ich nicht ab. Wer zu mir kommt, der wird angenommen und darf aufleben.«[25] Das ist die Grundhaltung, die er gelebt hat. Das haben viele erfahren und das hat viele begeistert.

Mehr noch: Genau diese Erfahrung hat Menschen tief berührt. »Ich muss nichts erst etwas beweisen, etwas verändern, einem bestimmten Ideal entsprechen – ich darf einfach sein. Ich werde angenommen. Ich bin geliebt.« Das ist die Erfahrung von Gnade. Überwältigend.

Wo Menschen eine Ahnung von dieser Gnade haben und selbst in dieser Haltung leben, verändert sich die Atmosphäre. Es entsteht eine andere Kultur. Es öffnen sich Räume der Hoffnung.

Yasmin hat die Gemeinde an ihrem Ort als einen solchen Hoffnungsraum erlebt. Manche mögen sich verwundert die Augen reiben, denn so besonders scheint diese Gemeinde nicht zu sein. Sie gilt als ziemlich bürgerlich und konservativ, aber sie hat offene Türen. Und offenbar auch offene Menschen. Wenn Yasmin im Gottesdienst sitzt, Lieder singt und der Predigt zuhört, erfährt sie etwas, was sie so noch nicht erlebt hat. Neue Welten öffnen sich. Kindergottesdienst und Jungschar sind ein Segen für ihre Kinder. Der Austausch mit anderen Eltern tut ihr gut. Vor wenigen Wochen hat sie sich taufen lassen und Alexander und Paula gleich mit. Wenn sie gefragt wird, warum sie das tut, sagt sie: »Hier darf ich ehrlich sein, hier fragen Menschen nach mir. Das habe ich so noch nirgends erlebt.« Und ja, sie hat begonnen, sich darauf zu verlassen, dass es einen Gott gibt, der sie liebt. Ein Gedanke, der nach und nach in ihr Herz dringt und sie bewegt. Angefangen hat alles damit, dass sie eingeladen wurde, an einem Sonntag auf einer Wanderung mitzugehen.

ANGEFANGEN HAT ALLES DAMIT, DASS SIE EINGELADEN WURDE, AN EINEM SONNTAG AUF EINER WANDERUNG MITZUGEHEN.

In Zeiten der massenhaften Kirchenaustritte klingt Yasmins Geschichte wie Balsam für kirchlich Verantwortliche. Aber genau darauf kommt es an: solche persönlichen Geschichten wahrzunehmen und nicht nur auf Zahlen von Kirchenaustritten fixiert zu sein. Dann lernen wir das Entscheidende: Gottes Gnade zielt auf unsere Gnade. Ich sag es einmal so direkt: Jesus will, dass wir eine Kultur der Gnade leben und unsere Gemeinden zu Räumen der Hoffnung werden.

Das hat auch sehr viel damit zu tun, wie wir Christenmenschen miteinander umgehen und wie wir übereinander reden. Wer in christlichen Welten meint, gnadenlos über andere herziehen zu können und dabei den Geist Gottes auf seiner Seite zu haben, täuscht sich gewaltig. Der Geist Gottes ist ein Geist der Gnade. – Ja, er ist ein Geist der Wahrheit. Der Geist Gottes stellt uns in das Licht der Wahrheit Gottes. Da geht es nicht um Beliebigkeit oder eine platte Harmoniebedürftigkeit, wie manche unterstellen. Gottes Geist meint es ernst, aber er meint es gerade mit Gottes Gnade ernst. Er stellt uns jeweils persönlich ins Licht der Wahrheit Gottes (!) und nicht ins Schummerlicht der jeweiligen Wahrheitserkenntnisse, die Einzelne zu haben meinen. Das ist ein Unterschied!

Wir alle stehen im Licht der Wahrheit Gottes. Wir bestehen in diesem Licht nur durch Gnade. Gnade und Wahrheit gehören zusammen. Wer eine Wahrheit ohne Gnade behauptet, wird allenfalls zum Rechthaber und redet nicht von der Wahrheit Jesu Christi.

Wenn wir das begreifen, gehen wir anders miteinander um. Dann verändert sich das Leben einer Gemeinde und unser Reden, Schreiben und Posten. Gerade dann, wenn wir um die Wahrheit ringen. Weil wir aus der Gnade leben.

Darin liegt ein tiefer Ernst. Ich bin überzeugt davon, dass unsere Gnadenlosigkeit auf uns selbst zurückfällt. Gott ist ein Gott der Gnade, und diese Gnade hat eine kulturprägende Kraft.

Ich möchte neun Aspekte einer Kultur der Gnade festhalten.

Das Wesen der Kultur der Gnade

1. In einer Kultur der Gnade leben alle aus dem Empfangen

Wir leben alle aus dem Empfangen. Das soll immer deutlich werden und erfahrbar sein in jeder christlichen Gemeinschaft, in Familien, in christlichen Hauskreisen, Freundschaften, Beziehungen. Wir alle sind bedürftig. Wir haben nichts in der Hand. Darum lassen wir uns Gottes Gnade zusagen. Dafür steht übrigens auch das Abendmahl: Wir haben die Hände offen und empfangen stets neu.

2. In einer Kultur der Gnade wird Leben geteilt

Tischgemeinschaft, gemeinsam essen, das ist das Herz einer christlichen Gemeinschaft. Jesus hat sich immer wieder zum Essen eingeladen. Nicht er zu sich nach Hause, sondern er ist zu anderen gegangen. Jesus hatte es mit dem Essen. Kaum ist der Zachäus runter vom Baum, sagt Jesus: »Jetzt müssen wir essen. Ich komm zu dir in dein Haus.« Lädt sich selbst ein. Jesus war verschrien, ein Freund der Fresser und Weinsäufer zu sein. Der Sohn Gottes hatte ein fragwürdiges Image – weil er am Tisch Leben teilte. Weil viele mit ihm und er mit anderen Brot und Fisch teilte. Und weil da erfahrbar wurde: Wir leben aus dem Empfangen und dem Teilen dessen, was Gott uns gibt.

3. In einer Kultur der Gnade leben alle aus der Vergebung

Alle sind schuldig, alle brauchen Vergebung. Darin sind alle gleich. Niemand ist mehr oder weniger schuldig oder sündhaft. Das ist das große Missverständnis: dass wir immer wieder eine Hitparade besonderer Schuld und besonderer Sünden aufstellen. Gott tut das nicht. Niemand ist ohne Sünde. Alle leben von Gottes Gnade. Gerade das macht Gemeinde aus. Hier fangen alle immer wieder neu an.

Diese ersten drei Aspekte beschreiben das Wesen jeder christlichen Gemeinschaft. Ist nicht neu, aber etwas sehr Grundlegendes. Es verändert alles. Gnade hat eine kulturprägende Kraft. Damit ist übrigens der Grund unserer Freiheit beschrieben: dass wir aus dem Empfangen leben, aus dem Teilen und aus der Vergebung. Alles ist geschenkt. Wir werden uns bewusst, dass wir geschaffen sind. Denn alles, was wir haben, alles Leben haben wir empfangen. Sich bewusst zu werden, dass wir uns nicht selbst gemacht haben, ist ein Stück Gnadenerfahrung. So wächst Schöpfungsbewusstsein. Gott hat uns das Leben gegeben, auch das neue Leben. Trotz aller Schuld. Darin liegt unsere Freiheit. Wenn wir das vergessen, wird alles zwanghaft. Wenn wir es begreifen, wird alles weit.

Die nächsten drei Aspekte beschreiben unser Wirken als Hoffnungsgemeinschaft. Und damit auch unsere Verantwortung.

Wirken und Verantwortung

4. Eine Kultur der Gnade ist offen für alle Menschen

Vielfalt liegt im Trend. Der DFB und viele andere werben für Vielfalt, für eine bunte Gesellschaft, für eine integrative Kultur, die keinen Menschen ausgrenzt. Dabei wird oft übersehen: Das Copyright für Vielfalt hat die christliche Gemeinde. Denn schon ganz am Anfang waren Juden und Griechen, Männer und Frauen, Sklaven und Freie, die größten denkbaren Gegensätze der damaligen Gesellschaft, alle vereint in Christus (vgl. Galater 3,28). Den Grund dafür legt Jesus, wenn er sagt: »Wer auch immer zu mir kommt – ich werde ihn oder sie nicht abweisen. Niemals!«[26] Weil Gott offene Arme hat, hat die Gemeinde offene Türen.

Das erleben viele aber anders. Unsere Gemeinden sind, wenn wir ehrlich sind, oft Gemeinschaften mit einer Binnenkultur, die als ausschließend wahrgenommen wird. Häufig sind es die Einheimischen, die im Gottesdienst sitzen, die Etablierten, diejenigen, die »schon immer« da waren. Wer neu kommt, hat es schwer, wirklich dazuzugehören.

Natürlich gibt es auch viele andere Beispiele. Yasmin ist eines davon. Aber wir sind im Blick auf kulturelle Vielfalt zumeist sehr begrenzt. Viele erreichen wir nicht. Wir ticken monokulturell. Bewusst oder unbewusst neigen Gemeinden dazu, sehr homogen zu werden. Geschmack, Gehalt der Mitglieder und die Gestaltung vieler Formate liegen jeweils nah beieinander. »Wem es nicht schmeckt, der muss ja nicht kommen«, denkt man vielleicht. Dabei soll es grundlegend anders sein! Eine Kultur der Gnade ist nicht beliebig, aber offen für alle.

5. Eine Kultur der Gnade ist konsequent gegen den Missbrauch von Macht

Ohne Macht geht es nicht. Macht ist grundsätzlich etwas Gutes. Macht ist die Freiheit, zu handeln und etwas zu gestalten. Sie wird verliehen, auf eine begrenzte Zeit und in bestimmter Ordnung. Das ist auch in der Gemeinde so. Menschen neigen aber dazu, sich mehr Macht anzueignen, als ihnen zusteht, sich über andere zu erheben, andere zu instrumentalisieren und zu vergessen, dass alle von der gleichen Gnade leben. Auch in Kirche und Gemeinde. Wir Christen waren schon immer erfindungsreich im Einziehen von Hierarchien und Abgrenzungen: »clerus maior« und »clerus minor«, oben und unten, Heilige und vermeintlich Unheilige. Es war eine Reformation nötig, um das Priestertum aller Glaubenden zu entdecken und konsequent im Blick zu behalten.

Wer aus der Gnade lebt, wird sensibel für Machtmissbrauch, übrigens für jede Art von Übergriffen – für psychischen, geistlich-religiösen und sexuellen Missbrauch. Immer dann, wenn sich einige über andere erheben, wenn Abhängigkeiten entstehen, muss die Alarmlampe angehen. Eine Kultur der Gnade wendet sich konsequent gegen den Missbrauch von Macht. Dafür tragen alle Verantwortung.

6. Eine Kultur der Gnade ist transparent in den Strukturen und offen für Beteiligung

Nur Transparenz schafft Vertrauen. Transparenz in den Strukturen heißt: Es gibt keine Willkür und keine Hinterzimmer-Politik. Eine Gemeindeleitung verantwortet sich offen vor der Gemeinde. Und: Beteiligungswege bleiben offen. Das heißt zum Beispiel: Du musst nicht zu einer bestimmten Familie oder zu bestimmten elitären Kreisen gehören, um mal was sagen zu dürfen. Diese Gefahren bestehen überall, in allen Konfessionen, in alten Kirchenstrukturen und in neuen. Auch im Pietismus, in charismatischen Kreisen genauso wie in Brüdergemeinden, in neueren eventorientierten Gemeindesettings, in hippen freien Großstadtgemeinden genauso wie in sehr traditionellen Milieus: Alle haben ihre je eigene Form von Autoritäts-Anfälligkeit.

Manchmal ist es bequem, einer sehr autoritären Leitung einfach zu folgen. Beteiligung ist anstrengend, aber notwendig. Und verheißungsvoll. Grundsätzlich gilt für eine Gemeindekultur: Wo das Priestertum aller Glaubenden eine Bedeutung hat, wo wir von der einen Gnade leben, sind wir offen für die Beteiligung aller Begnadigten. Alles andere – Name, Hautfarbe, Geschlecht, Dialekt, Herkunft, Status … – spielt keine Rolle.

Schließlich noch drei Aspekte, die die vielen Veränderungen betreffen, in denen wir derzeit stehen: Es geht um die Wandlungsfähigkeit einer Gemeinschaft. Um die Frage: Was erwarten wir eigentlich noch? Die Aspekte beschreiben unsere Offenheit für Transformationen verschiedener Art. Sie betreffen unsere Hoffnung.

7. Eine Kultur der Gnade lebt von der Erwartung, dass das Beste noch kommt

Wir sind noch nicht fertig. Allerdings neigen wir zum Zurückschauen auf die vermeintlich guten alten Hoch-Zeiten: ein seufzend schwärmerisches »Damals …«. Jede Gemeinde, jedes Werk, jeder Verband, jede Kirche neigt dazu. Man darf ja auch in Erinnerungen schwelgen und sich gelegentlich ein bisschen in Nostalgie ergehen, aber wir sind als Hoffnungsmenschen grundsätzlich nach vorne ausgerichtet. Lasst uns nicht so sehr an unsere Geschichte denken! Die ist wertvoll und wichtig und eine Ressource, aber wir sind bestimmt durch das, was vor uns liegt, durch die Verheißung, durch die Hoffnung, die Gott uns gibt. Ich bin davon überzeugt, dass die beste Zeit der Kirche noch vor uns liegt.

Ja, es gibt viel zu klagen. Auch in der Kirche. Gab es schon immer. Aber ich halte mit dem alten Kirchenreformer Philipp Jacob Spener (1635–1705) die »Hoffnung besserer Zeiten« fest.[27] Wir glauben doch an den Auferstandenen. Wir pflegen doch nicht nur eine Tradition. Wir hoffen auf den Lebendigen, der wirkt. Eine Kultur der Gnade lebt von der Erwartung: Das Beste kommt noch!

8. Eine Kultur der Gnade dient anderen

Wo Gnade eine Kultur prägt, wird Dienen zur Lebensregel. Auch das ist so ein Jesus-Prinzip. Er hat anderen die Füße gewaschen. Es ist nicht damit getan, dass man sagt: »Das hat Jesus für uns getan, und damit gut.« Was er tut, ist ein Beispiel und ein Vorbild für uns! Diakonie ist nichts Zusätzliches, nicht etwas, was eine Gemeinde tun oder auch lassen könnte. Hoffnungsgemeinschaften dienen anderen. Dienst ist der Modus, in dem sie leben.

9. Eine Kultur der Gnade lebt als eine Hoffnungsbewegung
Menschen, die Hoffnung haben, sind bewegt. Sie bewegen etwas. Zusammen sind wir eine Bewegung. Gnade drängt dazu, dass andere dazukommen. Wir bleiben nicht, wo wir sind. Und wir bleiben nicht unter uns. So werden wir transformationsfähig. So ist die Geschichte von Yasmin möglich geworden. So lassen sich Menschen mitbewegen und werden Teil einer Bewegung.

Übrigens, Yasmin ist nicht nur dabei – sie arbeitet in der Gemeinde mit. In einem kleinen Kreis, wo Eltern und Alleinerziehende sich gegenseitig begleiten und unterstützen. Sie geht mit zum Pilgern für Frauen. Und sie freut sich, wenn Leute aus der Gemeinde zu ihr in den Friseursalon kommen. Nicht nur, wenn sie den Pastor unter ihrer Schere hat, reden sie über dieses und jenes in der Stadt und gelegentlich auch über die Hoffnung, die sie trotz allem gemeinsam festhalten.

4

»Homo sperans« – der hoffende Mensch

Warum es keine »letzte Generation« gibt

Wir nennen uns Homo sapiens. Wörtlich: der verstehende, der verständige, der weise, der kluge, der vernunftbegabte Mensch. Menschen können über die Welt nachdenken und über sich selbst. Unser Denken macht uns Menschen aus. Wir reflektieren unser Handeln. Wir wägen ab. Wir entscheiden. Und wir haben die Freiheit, zu entscheiden. Wir haben auch die Folgen unserer Taten zu verantworten, gegenüber uns selbst und gegenüber anderen. Wir sind verantwortliche Wesen.

Wir denken, also sind wir. Die Vernunft gehört wesentlich zum Menschsein. Das ist keine Frage. Aber das ist nicht alles.

Das gespannte Seil

Der Mensch ist auch ein hoffendes Wesen. »Zukunftserwartung gehört zum Wesen des Menschen«[28], schrieb der Theologe Hans

Walter Wolff bereits 1973 in seiner »Anthropologie des Alten Testaments«, in dem Jahr also, in dem ich das Licht der Welt erblickte.

Diese Einsicht gab es schon im alten Israel: Der Mensch ist das Wesen auf der Welt, das einen Auftrag hat, so heißt es ganz am Anfang der Bibel. Der Mensch soll die Erde bebauen und bewahren. Er soll sie fruchtbar machen. Er soll selbst Kinder bekommen.

Die Gebote und Gesetze, die er halten soll, dienen alle dazu, eine lebbare Zukunft zu ermöglichen: die Eltern achten und respektieren, nicht töten, nicht ehebrechen, nicht lügen, nicht stehlen, nicht begehren, was anderen gehört. Alles ist darauf ausgerichtet, dass das Leben in Zukunft Bestand hat. Die Gebote sind Ausdruck einer grundlegenden Offenheit für das Kommende. Die Gesetze sind getragen von der Hoffnung, dass das Leben auch in Zukunft nicht im Chaos versinkt. Alles Recht gründet in der Hoffnung, dass noch etwas werden wird.

Seit der Schöpfung ist klar: Es ist nicht aller Tage Abend. Der weise König Salomo schrieb dazu: Gott »hat alles schön gemacht zu seiner Zeit, auch hat er die Ewigkeit in ihr Herz gelegt; nur dass der Mensch nicht ergründen kann das Werk, das Gott tut, weder Anfang noch Ende« (Prediger 3,11). Eine andere Übersetzungsmöglichkeit wäre: »Auch die ferne Zeit hat er ihnen ins Bewusstsein gegeben.«

Anfang und Ende können die Menschen nicht überschauen. Aber sie haben einen Sinn für das Zeitliche, das Kommende, einen Sinn für das Morgen. Die Zukunft wird mit Spannung erwartet. Gestaltet.

Menschsein heißt, der Zukunft entgegenzuleben. Sich nicht einfach mit dem Gestern abzufinden und im Heute einzurichten, sondern nach vorne ausgerichtet zu sein.

Es ist nicht aller Tage Abend

Im Hebräischen heißt Hoffen »qiwah«. Das Wort taucht in verschiedenen Formen 82-mal in der hebräischen Bibel auf. Der Wortstamm bedeutet zugleich sehr bildhaft: »eine Messschnur spannen« oder »ein Seil spannen«. Ein verwandter Begriff kann auch für »Spannkraft« stehen. Das macht deutlich, was Hoffen bedeutet: gespanntes Erwarten. Hoffen heißt, mit gespannter Erwartung schnurgerade nach vorne ausgerichtet zu sein und zielorientiert zu leben.

Stell dir vor, du spannst eine Schnur, um ein Gartenbeet abzustecken. Ganz gerade. Sauber. An einer Stelle wird ein Pflock in die Erde geschlagen. Daran wird die Schnur befestigt und gespannt. An einem zweiten Pflock, der am Ende des Beetes eingeschlagen wird, bindest du sie fest. Entlang dieser Schnur gräbst du die Erde um, säst die Blumen ein oder stichst die Rasenkante ab. Schnurgerade.

HOFFNUNG IST DIE SPANNKRAFT MENSCHLICHER EXISTENZ.

Oder denke an eine Bergtour. Der Aufstieg durch eine Felswand. Am Abgrund entlang. Entlang des Pfades ist ein Seil gespannt. Daran hältst du dich. Daran gehst du entlang. Dieses Seil weist dir den Weg. Es gibt dir Halt und Sicherheit. Auch in schwindelnder Höhe. Auch wenn du das Ziel nicht siehst und dir der Berggipfel verborgen ist. Auch wenn du nicht einmal weißt, wie lange der Weg noch ist und wo er dich überall vorbeiführen wird – du gehst an diesem Seil entlang. Du schaust nicht in den Abgrund. Du siehst nicht zurück. Du bleibst nicht stehen. Du gehst am Seil entlang Schritt für Schritt nach vorne. Immer dem Ziel entgegen.

Hoffen heißt eben nicht,
immer euphorisch, siegessicher
und voller Optimismus

dem Himmel entgegenzutanzen.
Der Zweifel gehört dazu,
das Zögern und Zaudern.

Genau das heißt Hoffen. Hoffnung ist die Spannkraft menschlicher Existenz. Die Dynamik des Lebens. Das steht nicht irgendwo, sondern es ist festgehalten in der Bibliothek, die wir Altes Testament nennen. Es ist die Urkunde des Glaubens für Juden und Christen, also für den westlichen und den orientalischen Kulturkreis. Das ist nicht nur relevant für glaubende Menschen. Für sie freilich in besonderer Weise, aber hier geht es um eine tiefe Einsicht in das, was Menschsein bedeutet. Wir sind wesenhaft Hoffende. Wir sind dazu berufen, Hoffnungsmenschen zu sein.

Hoffnung bedeutet also gespanntes Erwarten. Dieser Zentralbegriff wird flankiert und ergänzt von anderen Worten.

Zaghaft, beharrlich, spähend

Im Hebräischen ist auch von »zaghaftem Zaudern« die Rede. Gemeint ist ein geduldiges stilles Zuwarten, manchmal auch ein Zögern. Das ist ebenfalls eine Seite der Hoffnung. Eine sehr menschliche. Die schwache Seite. Hoffen heißt eben nicht, immer euphorisch, siegessicher und voller Optimismus dem Himmel entgegenzutanzen. Der Zweifel gehört dazu, das Zögern und Zaudern. Das ist die sehr erdverbundene Seite der Hoffnung. Mensch sein heißt eben auch schwach sein. Aber das Zaudern ist eine Begleiterscheinung der Hoffnung, nicht ihr Wesen.

Ein dritter Begriff steht für ein »beharrliches Warten«. So wartet etwa der Kapitän der Arche Noah nach der Sintflut darauf, dass das Wasser endlich sinkt. Er sehnt sich danach, das Schiff zu verlassen. Endlich den Käfig zu öffnen, in dem er mit unzähligen Tierpaaren, die sich inzwischen schon kräftig vermehrt haben, feststeckt. Es wird eng. Es stinkt. Es fehlt an Platz, an Luft, an Freiheit. Er kann es kaum erwarten. Aber er harrt aus und sendet alle sieben Tage einen

Vogel aus, um zu sehen, ob er Land findet. Dieses sehnsüchtige Ausharren – auch das ist eine Dimension der Hoffnung.

Schließlich gibt es noch einen vierten Begriff. Er heißt so viel wie »spähen«, »Ausschau halten« nach dem, was kommt. Forschen. Sich kundig machen, fokussieren. Das tun die Späher, die ausgesandt werden, um eine unbekannte Gegend zu erkunden. In einem Gebet (Psalm 145,15) heißt es: »Aller Augen warten auf dich, und du gibst ihnen ihre Speise zur rechten Zeit.« Dieser Vers wird gelegentlich als Tischgebet verwendet. Menschen hoffen auf Gott, dass er sie versorgt. Sie spähen aus nach dem, der die Zukunft eröffnet.

Klar ist: Diese Ausrichtung auf die Zukunft hat mit einer Null-Bock-Haltung nichts zu tun. Nichts mit »no future«. Nichts von »letzter Generation«. Der ganze Mensch hat einen Fokus: leben. Überleben. Nach vorne leben. Der Homo sapiens ist ein Homo sperans: auf Zukunft hin angelegt. Das gibt Hoffnung. Auch für die Kirche.

Freilich will ich festhalten: Das Anliegen derer, die sich »letzte Generation« nennen, nehme ich als ein Ringen um die Hoffnung wahr, die uns allen angesichts des sich abzeichnenden Klimawandels zu entschwinden droht. Eine Selbstbezeichnung, die eigentlich eine Mahnung ist. Ein dramatischer Appell, endlich das Nötige zu tun. Ein Schrei aus der Krise. Ihn als solchen zu hören und nicht einfach verhallen zu lassen, halte ich für geboten. Wer sich nur in Debatten über Recht oder Unrecht des »Klimaklebens« verliert, verirrt sich in Sackgassen, die in kulturkämpferischen Schmollecken enden.

Allerdings glaube ich auch, dass Greta Thunbergs schon legendärer Satz »I want you to panic« nicht zum Handeln befreit. Panik hilft nicht weiter. Panik ist Angst im Superlativ. Wer in Panik gerät, flieht. In Panik willst du nur weg. Aber du hast kein Ziel vor Augen. Im Panikmodus finden wir nicht zu neuen Perspektiven. Die entscheidende Frage muss daher heißen: Wie finden wir vom Krisenmodus in den Hoffnungsmodus?

Unverfügbar

So gewiss der Mensch die Zukunft im Blick hat, so wenig hat er sie im Griff. Er soll in »Vor-Sicht« leben, vorausschauend. Aber er kann doch nichts vorwegnehmen oder vorherbestimmen. Er plant und handelt nicht nur instinktiv wie ein Tier, aber er weiß nicht, ob er seine Ziele erreichen wird. Er ist nicht planlos, aber hat auch nicht in der Hand, dass alles nach Plan läuft.

Eine gesunde Skepsis

»Des Menschen Herz erdenkt sich seinen Weg; aber der Herr allein lenkt seinen Schritt«, lautet eine Einsicht aus den Sprüchen des weisen Salomo (Sprüche 16,9). Das mag banal erscheinen, ist aber basal. Grundlegend. Ganz entscheidend. Der Mensch ist eben nicht Gott. Was geschieht, ist letztlich für uns unverfügbar.

Es ist erstaunlich, wie nüchtern die Menschen schon vor zwei oder gar drei Jahrtausenden waren. Lebenserfahrung, Weisheit und Bescheidenheit sprechen etwa aus den Worten des Predigers (vgl. Prediger 8,1): »Man weiß nicht, was kommen wird. Ja, wer könnte schon vorhersagen, wie es kommen wird.« Eine deutliche Skepsis ist da herauszuhören. Eine Zurückhaltung gegenüber den Zukunftsvorhersagen und Prognosen, die es auch damals gab.

Seit jeher gibt es Menschen, die Zukunftsprognosen machen und Prophezeiungen aussprechen. Sie malen ihren Mitmenschen angsteinflößende Szenarien vor Augen. Oder sie versprechen eine goldene Zukunft, wenn man nur dies oder jenes täte, am besten von ihnen kaufte. Zukunftsinstitute haben schon immer Konjunktur, auch in der Antike. Stets geht es dabei um Macht, um Geld, um Manipulation. Da tut eine gesunde Skepsis gut. Und das Wissen: Ich weiß nicht, was kommt. Du weißt es auch nicht. Also lassen wir es auf uns zukommen – und gehen im Übrigen unbeirrt unseren Weg weiter, am Hoffnungsseil entlang bis zum Ende.

Auch das bleibt unverfügbar: »Kein Mensch ist Herr über den Lebensatem«, weiß der Prediger weiter (vgl. 8,8). »Und keiner ist Herr über den Tag des Todes.« Unsere Autonomie hat Grenzen. Wir haben den Tag unserer Geburt nicht selbst bestimmt und bestimmen auch nicht den Tag unseres Sterbens. Das Leben empfangen wir. Ganz. Als Paket. Mit Anfang und Ende. Alles dazwischen gestalten wir.

Unsere Lebenszeit gehört in den Bereich unserer Freiheit und unserer Verantwortung. Aber der Anfang ist gesetzt und das Ende auch. Das klingt so schlicht. Doch es hat höchste Bedeutung. Etwa für die großen ethischen Fragen am Anfang und am Ende des Lebens. Alle Debatten rund um Embryonen und ihren Schutz, um den Wert eines Menschenlebens im Mutterleib und außerhalb desselben, um die Würde des Menschen angesichts von Einschränkung, Behinderung und Krankheit werden dabei berührt. Aber auch die Fragen am Ende des Lebens, nach aktiver und passiver Sterbehilfe, nach Suizid und assistiertem Suizid. Eben nach der Selbstbestimmung des Menschen und ihren Grenzen.

Diese Fragen sind damit nicht gelöst. Klar ist erst einmal nur: Menschsein ist nicht nur durch Autonomie zu beschreiben, sondern auch durch deren Grenzen. Hoffnung ist die positive Haltung zum Leben, die der Unverfügbarkeit der eigenen Existenz Rechnung trägt.

Begründete Hoffnung

Wenn wir uns das Leben nicht selbst gegeben haben, ist es ein Geschenk. Wir empfangen es. Wenn uns das Leben aber geschenkt ist, dann liegt der letzte Grund des Menschen nicht in uns selbst. Wir sind keine Götter. Auch keine Halbgötter. Wir sind eben Menschen. Dann stellt sich freilich die Frage, worauf wir hoffen können, wenn doch alles unverfügbar ist, im Letzten nicht greifbar.

Für die Hebräer war die Antwort klar: Gott ist der Anker unserer Hoffnung. Bei ihm binden wir unser Hoffnungsseil fest. Bei Gott, von dem alles herkommt und auf den alles zugeht. Dort schlagen wir den einen Pflock ein. Dort machen wir das Seil fest. Das andere Ende halten wir. Und wir gehen unser Leben lang gespannt und erwartungsvoll an diesem Seil entlang.

Das zeigt sich in der hebräischen Bibel schon sprachlich. Das Wort »hoffen« ist 53-mal direkt auf Gott bezogen. Auf den Gott, der einen Namen hat: »Jahwe«. So hat er sich Mose vorgestellt. »Jahwe« heißt so viel wie: »Ich bin der, der für euch da ist und immer für euch da sein wird.« Das ist sein Name. So lässt sich Gott ansprechen. Er wird nennbar. Er macht sich bekannt. Von ihm kommt unser Leben her. Auf ihn gehen wir zu. Und er ist der Begleiter unseres Lebens. Das verspricht er. Dafür steht sein Name. Darum hoffen die Menschen auf ihn. Genauer gesagt: auf seine Versprechen.

Wie schon ganz am Anfang dieses Buches festgestellt: Hoffen heißt, zu erwarten, dass Gott seine Versprechen erfüllt. Dass er Wort hält. Darum ist für die Menschen der Bibel und für glaubende Menschen bis heute Hoffnung immer begründet. Für sie ist die Leerstelle jenseits des Fassbaren, Sichtbaren und Berechenbaren gefüllt: Dort stehen die Zusagen Gottes.

Nun kannst du natürlich bestreiten, dass diese wahr sind. Du kannst fragen, woher man denn wisse, dass diese Versprechen verlässlich seien.

HOFFEN IST DAS EXPERIMENT, SICH AUF EIN VERSPRECHEN ZU VERLASSEN, DESSEN ERFÜLLUNG NOCH AUSSTEHT.

Das kann kein Mensch wirklich wissen. Alle Gottesbeweise scheitern. Der Anker ist nur ein Wort, eine Zusage, ein Versprechen. Letztlich der Name Gottes: »Ich bin für dich da.« Mehr gibt es nicht. So ein Wort ist flüchtig. Und zugleich verlässlich. Dass es trägt, erfährst du erst dann, wenn du beginnst, dich darauf zu verlassen. Hoffen ist das Experiment, sich auf ein Versprechen zu verlassen, dessen Erfüllung noch aussteht. Das Erstaunliche dabei ist, dass viele Menschen dabei tatsächlich getragen werden. Diese Hoffnung, dass Gott für uns da ist, trägt. Das ist eine Erfahrung. Seit Jahrtausenden.

Meine Haltung dazu ist: Es ist besser, das Experiment zu wagen und in dieser Hoffnung zu leben, als jenseits des für uns Verfügbaren eine Leerstelle zu postulieren. Du kannst sagen: »Gott gibt es nicht. Der Himmel ist leer.« Aber hey, auch das wäre erst noch zu beweisen.

»Warten und Pressieren«: Die Blumhardts

An der Fassade des Kurhauses in Bad Boll sind seit den 1820er-Jahren die Initialen W und P zu lesen. Sie stehen für das württembergische Königspaar »Wilhelm I.« und »Pauline«.

Im Jahr 1852 zog jedoch der schwäbische Pfarrer Johann Christoph Blumhardt (1805–1880) mit seiner Familie nach Bad Boll, erwarb das dortige Kurhaus und errichtete darin ein Heilungs- und Seelsorgezentrum. Gäste aus ganz Europa und aus allen gesellschaftlichen Schichten kamen an den kleinen Ort am Fuß der Schwäbischen Alb. Blumhardts Charisma war weithin bekannt und zog große Kreise. Als er 1880 starb, führte sein Sohn Christoph Blumhardt (1842–1919) das Werk weiter.

Kleiner Funfact am Rande: Auch der junge Hermann Hesse, der viel später sein »Stufen«-Gedicht vom Zauber des Anfangs schreiben sollte, war im Jahr 1892 einmal in Bad Boll zu Gast. Er war zuvor aus dem Seminar in Maulbronn ausgerissen, worauf ihn seine Eltern nach Bad Boll schickten, damit er dort zur Besinnung käme.

Christoph Blumhardt trat in die Fußstapfen seines Vaters. Viele Gäste kamen, um den eindrücklichen Prediger zu hören und in Bad Boll innerlich und äußerlich gesund zu werden. Später beschäftigte sich Blumhardt intensiv mit der sozialen Frage und wandte sich dem Sozialismus zu – ein Skandal in der Kirche. Viele Freunde kehrten ihm den Rücken. Er trat in die SPD ein, trat im Dezember 1900 im Wahlkreis Göppingen für den Landtag an und wurde gewählt. Sechs Jahre lang war er dort tätig.

Blumhardt wandte sich ganz den Nöten dieser Welt zu. Den Pfarrdienst musste er aufgeben, den Dienst an den Menschen führte er weiter, lange Zeit auch in Bad Boll.

Seine Hoffnung auf die Ewigkeit gab er jedoch nie auf. Er brach nicht mit seinem Glauben. Im Gegenteil: Er hielt daran fest, dass »der Tag unseres Herrn Jesus Christus« kommen wird: »Da wirst du dein Leben verstehen.«

Während all der Jahre blieben die Initialen »W« und »P« groß an der Fassade des Kurhauses stehen. Bis heute sind sie zu lesen. Längst aber stehen sie nicht mehr für »Wilhelm« und »Pauline«, denn die beiden Blumhardts haben sie umgedeutet. Sie sagten, das »W« und das »P« würden – gut schwäbisch – für »Warten« und »Pressieren« stehen[29], was so viel bedeutet wie »Warten und Eilen«.

»Warten und Pressieren«, das war das Lebensprogramm der Blumhardts. Das Reich Gottes können wir nur erwarten. Es ist für uns unverfügbar. Das ganz große Rad dreht Gott selbst. Dafür steht das »W«.

Aber zugleich haben wir einen Auftrag in dieser Welt. Wir warten nicht einfach ab, sondern wir tun etwas. Wir »pressieren« und eilen. Wir sehen die Not dieser Welt und packen an. Dafür steht das »P«. Hoffen heißt, mit Gottes Möglichkeiten zu rechnen und selbst das Mögliche zu tun.

5

Resonanz finden angesichts einer schweigenden Sternenwelt

Wie wir einen Weg zur Hoffnung finden

So weit, so gut, könnte man meinen. Das Problem mit der Hoffnung ist nur, dass sie zu verzweifeln droht. Sie stirbt vielleicht zuletzt, aber sie stirbt. Die großen Utopien sind längst entzaubert. Ob in der Friedensfrage, in der Klimafrage, in den Fragen rund um Entwicklung und Migration – die Hoffnungen der Welt sind längst darauf ausgerichtet, dass die größten Dystopien und ihre Katastrophen verhindert werden. Hoffnung ist zunehmend negativ bestimmt. Sie wird zu einer Art Durchhaltementalität, das Schlimmste zu verhindern – solange es eben geht. Sie schwankt zwischen Machbarkeitswahn und Ohnmachtserfahrung.

Der Bochumer Theologe Günter Thomas markiert das drastisch: »Verzweifelte Hoffnung ist Hoffnung, die ›im Grunde ihres Herzens‹ weiß, dass sie vergeblich ist.«[30] Hoffnung droht zu einer Maske der Verzweiflung zu werden. Wir drohen zu scheitern an dem, was wir tun sollen, aber nicht zu tun schaffen. Wir drohen zu resignieren. Letztlich eben zu verzweifeln.

Was wir brauchen, ist ein verlässlicher Grund unserer Hoffnung. Die Frage ist entscheidend: Was dürfen wir Menschen verlässlich erwarten?

Was darf ich hoffen?

Nach dem großen Philosophen der Aufklärung, dem Königsberger Professor Immanuel Kant (1724–1804), gibt es vier große Fragen der Menschheit. Er nennt sie mehrfach in seinen Werken. Sie lauten: Was kann ich wissen? Was soll ich tun? Was darf ich hoffen? Was ist der Mensch?

Die Frage nach der Hoffnung gehört in die »Top vier« der ganz großen Fragen. Nun treiben wir hier keine hohe Philosophie und erörtern auch nicht Kants Denksystem – aber klar ist: Worauf wir hoffen, ist keine Nebensache. Im Gegenteil. Hier geht es um eine entscheidende Dimension unseres Lebens. Und die vier großen Fragen hängen zusammen.

Die vier großen Fragen der Menschheit

Was können wir wissen? – Hier geht es um das, was wir für wirklich und für wahr halten. Das, worauf wir uns letztlich verlassen. Dazu gehört all das, was wir mit unseren Sinnen erfassen können, aber auch das, was die Welt im Innersten zusammenhält. Es geht um den Grund und das Ziel. Wissen und Glauben bleiben aufeinander bezogen. Was uns Halt gibt, prägt unsere Haltung – und unsere Haltung unser Verhalten.

So fragen wir: Was können wir tun? – Da geht es um Richtig und Falsch, um Gut und Schlecht und um das, was irgendwo dazwischenliegt. Um unser Handeln. Um Ziel und Zweck. Um unsere Mittel. Und darum, welche Mittel angemessen sind. Um Ethos und Ethik.

All das ist verbunden mit der Frage, worauf wir hoffen können. Das haben wir schon gesehen: Unser Hoffen bestimmt unser Handeln.

Letztlich geht es darum, wer wir sind: Was ist der Mensch? – Es geht um unsere Identität. Wer wir sind, bewährt sich in den Krisen des Lebens.

Kant gehört zu den Promis der Geistesgeschichte. Er war ein historischer Influencer in Deutschland und weit darüber hinaus. Er hat Denken, Kultur und Politik geprägt wie wenige. Seine Werke bestechen durch eine Klarheit und Strukturiertheit, die einzigartig ist.

Wie sein Denken, so sein Tagesablauf. Genauestens geordnet. Und das ist noch untertrieben. Ein Zeitgenosse berichtet: »Kant stand jeden Tag im Sommer und im Winter des Morgens um fünf Uhr auf. Sein Bedienter war pünktlich um Dreiviertel auf Fünf vor seinem Bette, weckte ihn und ging nicht eher fort, als bis sein Herr aufgestanden war.«[31]

Alles war bis auf die Minute geregelt: zwei Tassen Tee und eine Pfeife Tabak zum Frühstück, mehr nicht. Das Abendessen strich er ganz. Mittags ein ausführliches Mahl mit Freunden. Studieren. Unterrichten. Schreiben. Und jeden Tag pünktlich um 10 Uhr abends zu Bett gehen. Jeden Tag dasselbe Ritual. Ein Leben wie ein Uhrwerk. Pünktlich. Pedantisch. Preußisch. Im tiefsten Sinn des Wortes: pflichtbewusst.

Kant ist zum Mythos geworden, der mit für das steht, was wir zumindest in gewissen Traditionen für ein ordentliches und anständiges, vielleicht sogar für ein gutes Leben halten. Regelkonform gehen. Das verbinden wir gelegentlich auch mit Religion.

Aber darum geht es nicht. Das hebräische Denken und Empfinden ist anders, ganz anders. Leidenschaftlicher. Emotionaler. Nicht aufgeräumt und geordnet, aber immer ausgerichtet auf einen einzigen Bezugspunkt hin, der außerhalb von uns selbst liegt: auf den, von dem alles herkommt und auf den alles zugeht. Auf Gott. Zu ihm wird geschrien. Er wird angerufen. Angebetet. Ihm wird gedankt für die Ernte, für Brot, Trauben, Milch und Honig, für Gesundheit, Frieden und Glück.

Und er wird angeklagt, wenn all das fehlt. Hiob ist ein Beispiel dafür. Er war reich, mächtig und gesund. Hatte alles im Überfluss und hat alles verloren. Allen Besitz. Seine Häuser, seine Rinder. Viel schlimmer noch: seine Kinder. Zuletzt seine Frau. Von ihr wurde er verlassen am Tiefpunkt seines Lebens. Er klagte und schrie zu Gott. In Leid, Schmerz und Verzweiflung hielt er daran fest: »Mein Erlöser lebt« (Hiob 19,25). Es gibt einen lebendigen Gott. Ich sehe ihn nicht. Ich spüre ihn nicht. Aber ich klage ein, dass er sein Versprechen hält. – Das ist Hiobs Botschaft. Hoffnung erwächst aus der Klage.

Es ist nicht so, dass Hiob sein Leid heroisch getragen hätte, wie ein Indianer, der angeblich keinen Schmerz kennt. Sein Leben und Denken und Glauben war nicht in Ordnung und auch nicht in Ordnung zu bringen. Nichts passte mehr zusammen. Aus seiner Erfahrung konnte er seinen Glauben nicht begründen und seine Hoffnung erst recht nicht. Aber er hielt stur daran fest: »Irgendwo da draußen gibt es einen Gott, an den ich mich halte und zu dem ich schreie.« Äußerlich verletzt und geschunden. Innerlich alles andere als aufgeräumt. Aber dennoch trotzig. Beharrlich. Stur. Hoffnungsstur.

Hoffnung lässt sich nicht philosophisch postulieren, schlussfolgern, ableiten oder einfordern. Sie ist zwar alles

andere als unvernünftig, aber letztlich ist Hoffnung keine Sache der Vernunft, sondern des Vertrauens.

Hoffnung lässt sich nicht philosophisch postulieren, schlussfolgern, ableiten oder einfordern. Sie ist zwar alles andere als unvernünftig, aber letztlich ist Hoffnung keine Sache der Vernunft, sondern des Vertrauens. Nicht rational ableitbar, aber existenziell erfahrbar. Davon erzählen die Geschichten der Bibel. Nicht nur die von Hiob. Abraham und Sara, Mose und Mirjam, Ruth, David, Petrus, Maria von Magdala, Paulus und Johannes – sie alle sind aufgebrochen und haben sich auf den Weg gemacht. Ihre Geschichten sind Weggeschichten. Sie haben zu hoffen gewagt und neue Wege eingeschlagen.

Immanuel Kant hat Königsberg sein Leben lang nicht verlassen. Er blieb immer in seiner Stadt, bei seinem gewohnten Lebensrhythmus. Nun soll dieser Umstand nicht pauschal gegen ihn gewendet werden. Im Gegenteil: Sein Denken hat Horizonte eröffnet, die den allermeisten, auch den Weitgereisten, verschlossen bleiben. Und auch Stubenhocker können Hoffnungsmenschen sein. Aber symptomatisch ist der Umstand durchaus: Menschen, die hoffen, wagen etwas. Sie verlassen sich auf etwas außerhalb dessen, was sie selbst fassen, begründen und beweisen können. Sie sind ausgerichtet auf ein Versprechen, das sie ernst nehmen. Sie denken nicht über den Himmel nach, räsonieren nicht, spekulieren nicht. Sie haben den Himmel im Herzen, brechen auf und erobern neue Welten.

So erklärt es sich auch, dass die deutlichsten Hoffnungsaussagen in Israel ihren Ort in tiefer Leiderfahrung haben, vor allem in den Klagepsalmen der Bibel. Das sind Gebete, wo Einzelne zum Himmel schreien. Etwa: »Wie lange noch?« (Psalm 13). Oder: »Mein Gott, warum?« (Psalm 22). Wer diese Texte liest, lernt: Beten dürfen wir nicht nur mit gefalteten Händen, sondern auch mit geballter Faust. So wenden sich Menschen an Gott. Sie schreien. Sie halten nicht aus, was sie erfahren. Ihr Leiden ist zu groß. Das Unrecht schreit zum Himmel. In der Klage fassen sie es in Worte.

Das unterscheidet übrigens Klagen und Jammern: Wer jammert, wiederholt ständig seine Not für sich allein, redet sich immer tiefer in Leid und Depression hinein, jammert in ein immer tiefer werdendes Loch. Eine Spirale nach unten.

BETEN DÜRFEN WIR NICHT NUR MIT GEFALTETEN HÄNDEN, SONDERN AUCH MIT GEBALLTER FAUST.

Wer klagt, gibt seinem Schmerz eine Richtung. Schreit zu Gott. Schickt sein Gebet zum Himmel. Richtet sich dabei selbst aus auf den Gott, den er in diesem Moment nicht erfährt. Dabei geschieht immer wieder das Wunder, dass sich neues Vertrauen einstellt. Im Herausschreien wird die Seele frei. Und der Blick. Die Sinne werden himmelwärts gerichtet und sehen irgendwann weiter. Klagen befreit. Jammern beschwert. Durch das Klagen hindurch wird das Hoffen geboren. Klagen sind die Geburtswehen der Hoffnung.

In den Klagetexten in der Bibel finden sich viele Beispiele solcher Hoffnungsaussagen:

»Worauf kann ich jetzt noch hoffen, Herr? Meine einzige Hoffnung bist du.«
Psalm 39,8; NLB

»Unsre Seele harrt auf den Herrn; er ist uns Hilfe und Schild.«
Psalm 33,20

»Ich harre des Herrn, meine Seele harret, und ich hoffe auf sein Wort.«
Psalm 130,5

»Was muss ich befürchten?«

Die Frage »Was darf ich hoffen?« ist zutiefst verbunden mit der Frage »Was muss ich befürchten?«. Wir nehmen die Zukunft nicht nur in dem wahr, was wir erhoffen, sondern vor allem auch in dem, was wir befürchten. Angst ist die Kehrseite der Hoffnung. Angst vor kommenden Nöten, Angst vor der Nacht, Angst vor dem Nichts. Die Frage ist, was uns bestimmt: Angst oder Hoffnung?

Das gilt auch für unser Handeln. Was leitet uns? Das ist die Grundfrage der Lehre vom Handeln, also der Ethik. Damit hat sich auch der große Tübinger »Theologe der Hoffnung« Jürgen Moltmann beschäftigt. Er hat eine »Theologie der Hoffnung« geschrieben und eine »Ethik der Hoffnung«. Im Blick auf unser Handeln hält er fest: »Eine Ethik der Furcht sieht die Krisen, eine Ethik der Hoffnung erkennt die Chancen in den Krisen.«[32] Das mag fast ein bisschen nach Zweckoptimismus klingen, aber es geht hier nicht nur um eine positive Lebenseinstellung. Es geht um die Frage, was uns im Tiefsten leitet: Furcht oder Zuversicht.

Das schreibt auch der Gelehrte Paulus seinem Schüler Timotheus: Hoffnungsmenschen sind nicht bestimmt vom »Geist der Furcht«. Der Heilige Geist, den wir an Pfingsten empfangen haben, tickt anders. Gott hat uns einen »Geist der Kraft, der Liebe und der Besonnenheit« gegeben (vgl. 2. Timotheus 1,7; EÜ). In diesem Sinne wünsche ich mir, dass wir Geist-reicher werden.

Eine kleine Anmerkung für Bibel- und Theologieinteressierte: Es gibt apokalyptische Bücher der Bibel. Darin werden uns zum Teil schreckliche Ereignisse vor Augen gemalt. Von Tod und Sterben ist die Rede. Von Blut und Tränen. Vom Gericht Gottes und vom Ende der Zeit. Das geschieht aber nicht mit dem Ziel, die Furcht zu steigern und das Handeln zu lähmen. Im Gegenteil, es soll klar werden: Wir sind selbst in Krieg und Terror nicht allein.

Durch alles Schlimme hindurch wird Gott Neues schaffen. Darum ist Endzeit immer zugleich Neuzeit. Gott hört nicht auf, neu anzufangen. Der Schöpfer schafft das Schaffen nicht ab, sondern schafft weiter.

Die Offenbarung des Johannes, also das letzte Buch der Bibel, erzählt keine Horrorgeschichten. Manche weiden sich an den Schreckensbildern, stillen eine subtile Gier nach Grusel und nähren Weltuntergangs-Fantasien. Damit wird die Offenbarung völlig missverstanden. Sie ist nicht zum Spekulieren da. Sie wird missbraucht, wenn daraus allerhand Verschwörungsmythen gestrickt werden. Im Gegenteil: Sie will Menschen trösten, die untröstlich sind. Sie galt zuerst den Christen, die schon im ersten Jahrhundert nach Christus massiv bedrängt und verfolgt wurden. Sie wird nur als Hoffnungsbuch richtig gelesen. Sie veranschaulicht, dass in allem Schrecken Jesus der Herr ist und bleibt, der Anfänger und Vollender, das A und das O. So werfen die großen Visionen dieses Buchs ein Hoffnungslicht auf das Heute. Sie ermutigen und befähigen zum Handeln im Hier und Jetzt – oder mit den Worten von Jürgen Moltmann: »Christliches Ethos nimmt das universale Kommen Gottes in den Möglichkeiten der Geschichte vorweg.«[33]

Freilich, so ist zu ergänzen, auch in den Begrenzungen der Geschichte. Die biblische Hoffnung ist mehr, ja, etwas ganz anderes als eine von uns Menschen zu realisierende Utopie. Sie beschreibt den Horizont unserer gesamten Existenz. Um es mal fürs Theologie-Lehrbuch zu sagen: Jenseitserwartung und Diesseitszuversicht durchdringen sich im Modus der Christus-Hoffnung. Oder einfacher: Wer auf Jesus Christus hofft, hat den Blick auf das Reich Gottes gerichtet.

Wir sehen: Unsere Weltgeschichte ist keine Verfallsgeschichte, sondern Geschichte Gottes, Heilsgeschichte und eben darum Hoffnungsgeschichte.

Ein Reden des Herzens mit Gott

Nun kann man Furcht nicht einfach abschalten. Sie ist nicht auf Kommando loszuwerden, auch nicht durch gute Vorsätze oder innere Anstrengung. Angst ist da. Sie schleicht immer wieder um uns herum und dringt durch kleinste Ritzen in unser Fühlen und Denken. Es gilt, einen Weg zu finden, wie sich Angst verwandelt. Langsam, aber stetig. Wir müssen lernen, mit ihr zu leben. Sie wird immer wiederkommen, wird uns überfallen, manchmal auch überwältigen. Das können wir nicht verhindern: In dieser Welt haben wir Angst. Das stellte schon Jesus fest (vgl. Johannes 16,33). Punkt. Das ist Fakt. Aber wir sind ihr nicht ausgeliefert. Es gibt Wege, mit ihr umzugehen. Hoffnung finden wir auf dem Weg. Ein solcher Weg ist das Gebet.

ES GIBT KEINEN WELT-RAUM, DER NICHT WORT-RAUM UND DAMIT WIRK-RAUM GOTTES WÄRE.

Beten ist nicht nur etwas für besonders religiöse Menschen. Etwas für »die Frommen«. Beten ist etwas für Leute, die mitten im Leben stehen, die anpacken, die denken und zweifeln. Beten ist etwas für Skeptiker und Glaubende. Beten ist keine Technik, um die Vernunft ruhigzustellen oder gar den Verstand auszuschalten. Beten ist auch nichts für Faulenzer, die vermeintlich die Hände in den Schoß legen, statt anzupacken. Ganz im Gegenteil: Beten ist höchste Aktivität. Es ist die Sinnausrichtung von Menschen, die die Welt gestalten. Wer Leib, Seele und Geist ins Gleichgewicht bringen will, wer ganz weltzugewandt sein und neue Horizonte entdecken will, muss sich auf die Reise des Gebets begeben.

Im Gebet finden Angst und Hoffnung Raum. Sehnsucht, Erwartung und Weltgeschehen werden miteinander vor Gott ins Gespräch gebracht. In Klage und Lob, Bitte und Fürbitte, Dank und Anbetung berühren sich Himmel und Erde.

Über den Psalter, das Gebetbuch der Bibel, konnte Rainer Maria Rilke sagen, es sei eines der wenigen Bücher, »in denen man sich restlos unterbringt, mag man noch so zerstreut und ungeordnet und angefochten sein«[34]. Die ganze Welt, sogar wir selbst, finden im Gebet Raum. So wird im Beten deutlich, dass es keinen Raum außerhalb von Gottes Wirken gibt. Es gibt keinen Welt-Raum, der nicht Wort-Raum und damit Wirk-Raum Gottes wäre. Diese Welt wird Gott nicht los.

Das Versprechen

»Wenn einer betet, richtet der sich eigentlich nach außen oder nach innen?«, so fragt der Soziologe Hartmut Rosa. Seine Antwort: »Die erstaunliche Erkenntnis war: nach beidem zugleich!«[35] Beim Beten entstehe »Resonanzachse«, eine »Achse aus dem Grund meiner Existenz«, so Rosa. Wenn wir beten, treten wir in Beziehung zu Gott, dessen Existenz wir gar nicht begreifen können, der aber im Gebet als Bezugspunkt real wird. Wir treten in Beziehung zu uns selbst und zur Welt. Es geschieht etwas Geheimnisvolles: Wir finden uns. Wir entdecken die Welt. Und wir beginnen, auf den Gott unserer Hoffnung zu vertrauen. Das können wir nicht machen. Dass es geschieht, ist unverfügbar. Aber das Wunder ist: Es geschieht immer wieder.

Entscheidend sei der Bezug auf das Versprechen Gottes, so Rosa: »Und die Bibel, der Glaube, die Kirche geben diese eine Antwort, dieses eine Versprechen: Da ist einer, der hat *dich* gemeint, der hat *dich* angerufen, der *hört* dich auch, auch wenn er nicht im Hier und Jetzt verfügbar ist.«[36]

Volltreffer! Hier beschreibt ein Soziologe exakt, was im Gebet geschieht und was Menschen zu Hoffnungsmenschen macht: Sie richten sich auf einen Hoffnungspunkt aus, der außerhalb ihrer selbst liegt. Das tun sie innerlich und äußerlich. Sie falten die Hände, sie stehen auf, sie gehen auf die Knie – Gebetshaltungen gibt es viele. Der Körper drückt aus, was die Seele fühlt. Leib, Seele und Geist finden zusammen und bleiben zugleich nicht bei sich. Sie geraten außer sich. Sie finden sich wieder in einer Gemeinschaft mit anderen Menschen, die ebenfalls nicht für sich bleiben. Beten verbindet. Es ist ein Weg, auf dem sich denen, die ihn zu gehen wagen, ein Stück Himmel öffnet.

Es gilt darum, diese Weite des Betens wiederzuentdecken. Freilich, manche Formen des Betens sind für Ungewohnte schwer zugänglich. Das betrifft vor allem Formen des gemeinsamen Betens. Manche Gebetsformen mögen einigen zu traditionell erscheinen, zu liturgisch und unpersönlich, zu sehr Teil einer fremd gewordenen Kirchenkultur, etwa in klassischen Gottesdiensten der evangelischen oder katholischen Kirchen. Andere Formen mögen zu emotional erscheinen, zu ekstatisch, zu sehr Teil einer (post)modernen Popkultur, etwa in manchen Lobpreisgottesdiensten junger Gemeinden in Landes- und Freikirchen. Wiederum andere Gebetsformen mögen recht elitär erscheinen, etwas für Eingeweihte, mit eigenen Sprachformen und in für kirchlich Ungeübte ungewöhnlichen Situationen, etwa in Gebetsgemeinschaften, wo mehrere Menschen im Kreis stehen, die Köpfe senken, die Augen schließen, die Hände falten und je einzeln laut Sätze an Gott formulieren, die die Mitbetenden jeweils mit einem lauten »Amen« quittieren.

Ja, all diese Situationen gemeinsamen Betens sind gewöhnungsbedürftig. Aber alle bieten auch ein Zuhause für Menschen, die mit ihren Wünschen und Sehnsüchten, mit ihren Fragen und Zweifeln nicht allein bleiben, sondern sich auf einen Hoffnungsweg begeben.

Beten führt immer wieder in die Gemeinschaft mit anderen, aber es ist wesenhaft etwas höchst Persönliches. Hier bin ich ganz ich. Ganz bei mir. Und bleibe es doch nicht. Alles hat Raum im Gebet. Das Leiden, der Zweifel ebenso, die Anfechtung, die Not, die offenen Fragen, die Wut, die Trauer und die Schuld. Aber auch das, was kommen mag: »Wachet und betet«, ruft Jesus seine Jünger im Garten Gethsemane auf (vgl. Markus 14,24), kurz vor seiner Gefangennahme. Echte Krise also. Wachen heißt, alle Sinne auf das auszurichten, was ist und was geschieht. Auch auf das, was gerade im Werden ist. Im Prozess des Betens öffnet sich unser Herz für die Möglichkeiten Gottes – und Hoffnung zieht ein.

Beten ist kinderleicht. Weil das so ist, wird das Gebet oft unterschätzt. Wenn wir nichts mehr tun können, sagen wir, da helfe nur noch beten – als wäre Beten das Letzte und letztlich das, was ohnehin nichts mehr bringt. Aber Beten ist viel mehr als nichts. Das Gebet umfängt das größte Geheimnis dieser Welt. Es öffnet uns den Himmel. Es weitet unseren Horizont. Es verändert alles – zuerst uns selbst. Wem Himmel und Erde nicht egal sind und wer sich selbst nicht vollkommen gleichgültig geworden ist, sollte das Beten neu entdecken.

Was heißt also beten? – Der große Reformator Martin Luther (1483–1546) und sein schwäbischer Gefährte Johannes Brenz (1499–1570) geben darauf eine bemerkenswerte Antwort in ihrem »Katechismus«. Das ist eine Art Lehrbuch, in dem die elementarsten Grundlagen des christlichen Glaubens zusammengefasst sind. Luther und Brenz haben aber nicht nur beschrieben, was wir glauben, sondern auch wie das praktisch geht. Was man wann wie betet.

Millionen von Kindern und Eltern haben diese Texte durch die Jahrhunderte hindurch auswendig gelernt und nach ihnen gelebt.

Diese Praxis und diese Haltung hat die Kultur im deutschsprachigen Raum mehr geprägt, als uns heute bewusst ist.

Zum Gebet lernen Konfirmanden und Konfirmandinnen bis heute: »Das Gebet ist ein Reden des Herzens mit Gott in Bitte und Fürbitte, Dank und Anbetung.«[37]

Die höchste Art und Weise zu beten

Die Urform des Betens ist die Bitte. Ich spitze zu und sage: Es ist die höchste Art und Weise zu beten, die schlichteste und die vornehmste zugleich, die einfachste und die leidenschaftlichste, die erste und die letzte.

Das mag manche überraschen. Christen unterschiedlichster Prägung neigen dazu, das Gebet als Marker eines vermeintlich höheren oder niederen geistlichen Standes oder Seelenzustandes zu bewerten. Man könnte das Danken höher bewerten, weil der Mensch doch zufrieden sein und das auch zum Ausdruck bringen soll. Danken ist zweifellos wichtig, und wir üben es zu selten. Wer zu danken beginnt, wird dankbar und findet leichter einen Weg zur Zufriedenheit. Aber Danken ersetzt das Bitten nicht.

Man mag Anbetung am höchsten bewerten, weil hier alle konkreten Anliegen vermeintlich keine Rolle mehr spielen und es gewissermaßen nur um die eigene Seele und Gott geht. Gott zu loben und ihn anzubeten, ist zweifellos in seinem Wesen sogar das Ziel allen Betens. Der gesamte Psalter in der Bibel hat eine innere Bewegung vom Bitten, Klagen und Danken hin zu Lob und Anbetung. So mag auch der Gang der Geschichte gesehen werden: durch irdische Tiefen zu himmlischen Höhen. Aber auch Loben und Anbeten ersetzt die Bitte nicht.

Warum ist die Bitte so grundlegend? Weil wir bedürftig sind. Weil wir Menschen uns selbst nicht in der Hand haben. Weil wir angewiesen sind auf andere. Weil uns das Leben geschenkt ist. Weil es das Unverfügbare in dieser Welt gibt. Und weil Gott unser Vater ist. Er will gebeten sein und Gebete erfüllen – so stellt uns jedenfalls Jesus Gott vor: als Vater. Als die Jünger Jesus fragen, wie sie beten sollen, gibt er ihnen das Vaterunser. Sie sollen Gott als Vater anreden. Denn als Vater will er seinen Kindern alles geben.

Beten heißt: werden wie die Kinder. Wer das tut, ist dem Himmel näher. Mehr noch: Nur wenn wir wie die Kinder werden, erreichen wir das Reich Gottes. Auch eine prominente Aussage von Jesus. Kind werden und nach Hause kommen. Heimat finden. Das heißt Beten.

Das hat wiederum mit dem hebräischen Menschenbild zu tun: Der Mensch *hat* nicht eine Seele, er *ist* Seele. Dafür steht im Hebräischen der Begriff »näfäsch«. Das bedeutet sowohl »Seele« als auch »Kehle«. »Näfäsch« beschreibt den Menschen in seiner Bedürftigkeit. Durch die Kehle strömt der Atem ein und aus. Wir brauchen Luft zum Atmen. Zug um Zug. Wir sind von Grund auf bedürftig. Durch die Kehle fließt das Wasser. Wir brauchen Wasser, um zu leben. Das gilt für alle Lebewesen, aber Menschen der Wüste im Alten Orient hatten dafür ein besonderes Bewusstsein. Luft und Wasser, die elementarsten Bedürfnisse des Menschen, sind angesprochen, wenn von »Näfäsch« die Rede ist.

An der Kehle schließlich ist der Mensch besonders verletzlich. Der Messerstich eines Feindes, der Biss eines Wildtiers – und das Leben ist zu Ende. Wir brauchen Sicherheit. All das schwingt mit, wenn es in den Psalmen heißt: »Lobe den Herrn, meine Seele, und vergiss nicht, was er dir Gutes getan hat« (Psalm 103,2).

Der bedürftige Mensch streckt sich daher aus zum Leben. Wie die Luft zum Atmen, wie das Wasser zum Trinken und wie den

Schutz zum Überleben brauchen wir die Zuwendung Gottes. Hoffnungsmenschen gestehen sich ein, dass sie bedürftig sind, und strecken sich aus nach Halt. Wie Kinder nach einem guten Vater.

Alles beginnt mit der Anrede Gottes als Vater. Wir wenden uns als Kinder an Gott. Kinder bitten. Kinder brauchen Hilfe. Kinder greifen nach der Hand ihrer Eltern. Kinder haben Wünsche und äußern sie unerschrocken. Kinder wollen etwas haben und bitten darum. Damit zeigen sie, dass sie ihre Eltern brauchen. Damit bekennen sie, dass sie bedürftig sind. Damit vertrauen sie sich ihren Eltern an. Mit ihrem Bitten nehmen sie ihre Eltern ernst. So ist das, wenn wir beten: Indem wir Gott bitten, ehren wir ihn als Vater.

HOFFNUNGSMENSCHEN GESTEHEN SICH EIN, DASS SIE BEDÜRFTIG SIND, UND STRECKEN SICH AUS NACH HALT.

Es gehört zu den schönsten und größten Vaterfreuden Gottes, wenn wir ihn als seine Kinder um etwas bitten. Wir schütten unser Herz vor ihm aus. Wir breiten unsere Sehnsucht aus. Wir legen unsere Wünsche in seine Hand. Es ist nicht zu fassen, was geschieht, wenn wir unseren Vater im Himmel bitten. Alles dürfen wir bitten.

Wirklich alles? – Das Vaterunser gibt uns einen Leitfaden. Wir bitten darum, dass Gottes Name in unserem Leben geheiligt werde, dass sein Wille überall geschehe. Wir bitten ums tägliche Brot. Wir bitten um Vergebung unserer Schuld. Aber auch alles andere hat Platz, auch die Wünsche, die über das Notwendige hinausgehen. Wir bitten um Gesundheit, um eine gute Note in der Matheprüfung, um Erfolg im Beruf und um Glück in der Liebe. All unsere Herzensanliegen haben Raum im Gebet, es ist doch ein Reden des Herzens mit Gott.

Darf man Gott dann auch um einen Porsche bitten, um Reichtum und Wohlstand? – Natürlich darf man. Alles hat Platz vor Gott. Dabei erleben wir aber, dass sich unser Bitten im Verlauf des Betens verändert. Unsere Wünsche legen sich in Gottes Willen und ändern sich. Wir verändern uns im Beten. Nie kann Gottes Geist so an uns arbeiten, uns segnen und beschenken wie in Zeiten des Gebets.

Und dann stimmt das alte Bonhoeffer-Zitat: Gott erfüllt nicht alle unsere Wünsche, aber alle seine Verheißungen. Das heißt zum Beispiel: Wenn Gott uns wenig schenkt, dann schenkt er uns einen Porsche. Wenn er uns wirklich reich macht, schenkt er Zufriedenheit und inneren Frieden, Vergebung, Glück und eine tiefe Lebensfreude, die frei ist von äußeren Dingen, die Gabe der Großzügigkeit und der Liebe.

Wie gesagt: Es ist nicht zu fassen, was geschieht, wenn wir beten!

Beten mit weltweitem Horizont

Wenn wir beten, bleiben wir nicht bei uns. Wer betet, nimmt die ganze Welt mit ins Gebet. Die anderen. Die Nächsten und Liebsten. Aber auch die Fernen, die Fremden, die Trauernden und Leidenden, die Verfolgten und Bedrängten, die Verantwortlichen in Politik, Gesellschaft, Wirtschaft und Kirche. Das ist das Geheimnis der Fürbitte.

Wir vernachlässigen das oft. Wir meinen, das sei nicht persönlich genug. Wir halten Fürbitten, vor allem wenn sie im Gottesdienst gesprochen werden, oft für steril und wohlfeil – gelegentlich sind sie das zugegebenermaßen auch. Dabei vergessen wir, dass die Fürbitte ein zentraler Bestandteil unseres Betens ist. Christen beten für die Welt. Das ist ihr erster Auftrag. Gottes Wille soll im Himmel und auf Erden geschehen. Sein Reich soll kommen.

Im Gebet gibt uns Gott eine universale Perspektive. Er weitet unser Herz. Beten führt gerade nicht in individualistische Enge oder in sektiererische Abgrenzung. Im Gegenteil: Es öffnet den Blick für die Welt und ihre Bedürftigkeit. Auch für die Bedürfnisse meiner Nächsten. Beten ist der Ausgangspunkt für Diakonie und soziales Handeln. Der Resonanzraum, in dem die Glut der Nächstenliebe immer wieder neu entfacht wird. Wer betet, wendet sich dem Himmel zu und wendet sich zugleich nicht ab von der Welt. Im Gegenteil: Die höchste Form der Welt-Zugewandtheit ist es, für die Welt zu beten. Hoffnungsmenschen nehmen diesen Dienst wahr. Das ist es, was klassisch in verschiedenen Religionen als priesterlicher Dienst verstanden wird: stellvertretend für andere einzutreten.

Wenn im Blick auf unser Beten ein Appell nötig ist, dann nicht der, länger, intensiver, ausdauernder, inniger oder erwartungsvoller zu beten. All das mag gelegentlich auch nötig sein. Und es ist ein guter biblischer Rat, »ohne Unterlass« zu beten. Dennoch ist es ein tief greifendes Missverständnis, dass Gebete erhört würden, wenn sie nur lange genug, oft genug oder mit genug Hingabe gesprochen würden.

Dieses Missverständnis mag gelegentlich mit 24/7-Gebetsinitiativen einhergehen. Diese sind gewiss zu begrüßen, wie vieles, was die Gebetspraxis belebt. Aber ich füge hinzu: Die Kraft des Gebets liegt nicht in unserer Innerlichkeit, sondern in Gottes Verheißung. Wer ständig den inneren »Hingabe-Puls« fühlt, nimmt nicht ernst, dass Jesus versprochen hat: »Bittet, so wird euch gegeben« (Matthäus 7,7). Endlos und Endorphin-geladen braucht unser Gebet nicht zu sein, nur ernsthaft und ehrlich. Wenn aber ein Appell nötig ist, dann der: mehr für andere zu beten. Fürbitte ist das Gebot der Stunde: Wer betet, nimmt die Welt auf sein Herz und öffnet sein Herz für die Welt.

Beten ist darum mehr als Worte machen. Beten ist ein Lebensstil. Wer betend und für die Welt bittend durch seinen Tag geht, lebt anders. Ein betender Mensch sieht anders, hört anders, denkt anders, nimmt die Welt anders wahr, seine Mitmenschen, die Nachrichten, selbst die große Politik. Und er handelt anders. Beten verändert die Welt, weil es Gottes Arm bewegt und zugleich unser Herz, unser Hirn und unsere Hände.

Danken und Loben öffnet unser Herz

Damit sind wir beim Danken. Denn wer begreift, dass es Gott ist, der uns alles gibt und schenkt, wird dankbar. Dankbarkeit ist das, was wir als Geschöpfe unserem Schöpfer schulden. Wieder so eine Einsicht von Martin Luther und Johannes Brenz.[38] Schlicht deshalb, weil der Schöpfer alles gibt: Wasser und Brot, Kleidung und Bildung, Schuhe und Schule. Jeden Tag schenkt er uns, jede Minute, unser ganzes Leben ist ein Geschenk. Nichts, keine Sekunde, können wir uns selbst geben. Nichts haben wir verdient. Nichts steht uns zu.

Das zuzugeben, kostet viel: Es heißt, den Stolz loszulassen und ihn gegen Beschenktwerden einzutauschen. Alles ist Geschenk. Auch das ewige Leben ist nichts als ein Geschenk. Zu hundert Prozent Gnade. Gott gibt. Und er vergibt. Das ist sein Wesen. Barmherzig, geduldig und gnädig ist er. Je mehr wir davon begreifen, desto dankbarer werden wir.

DANK IST UNSERE REAKTION AUF GOTTES AKTION.

Dank ist immer unsere Reaktion auf Gottes Aktion. Das klingt ein bisschen hölzern: Aber es geht um das, was Gott tut. Um seine Geschichte mit uns. Mit uns als Menschheit und mit uns persönlich. Darum kommt es darauf an, dass wir uns vergegenwärtigen, was Gott für uns getan hat und heute noch tut. Darum lesen wir die Geschichten der Bibel und verstehen unsere Lebensgeschichte als Teil dieser einen großen Geschichte Gottes mit seiner Welt.

Die großen Danklieder der Psalmen singen von der Rettung: wenn Einzelne aus tiefer Not befreit oder wenn ein ganzes Volk von Gott gerettet wurde. Was hat Gott für mich und für uns getan? – Denk einmal darüber nach und finde neu zum Danken! Ich empfehle ein Dank-Tagebuch. Oder auch nur eine Handvoll Dank jeden Abend: drei Gründe, Gott am Abend eines Tages zu danken. Wir sollten das Gute nicht vergessen, sondern in Worte fassen. Wer das tut, ist ein gesegneter Mensch! Wer dagegen in seiner Kammer nur seinen Kummer beklagt, verkümmert und wird unzufrieden.

Danken schenkt Frieden ins Herz. Ein ganz eigenes Glück. Gelassenheit und Zuversicht. Danken befreit, entlastet und erfüllt. Dankbare Menschen sind ausgeglichen, entspannt und offen für andere. Danken vertreibt Geiz und Gier, Neid und Missgunst. Dankbarkeit ist das Lied, das über den Verlusten des Lebens von dem singt, was Gott trotz allem gibt.

Der Weg der Psalmen geht über die Klage zum Lob. Damit weist er den Weg des Betens. Das ist mehr als eine formale biblische Beobachtung: Der innere Prozess des Betens führt von der Bitte, oft genug von der Klage vor und manchmal auch gegen Gott hin zu neuem Vertrauen und damit zum Danken, Loben und zur Anbetung.

Das »Kyrie eleison«/»Herr, erbarme dich« ist der bestimmende Ton des Psalters und unseres Betens in dieser Welt. Wir fassen die Not, die zum Himmel schreit, in Worte. Aber dieses Klagen,

Schreien, Bitten und Bekennen von Schuld führt zum Halleluja, das am Ende steht und dem Himmel schon voraussingt. Das Lob ist das Ziel des Psalters und unseres Betens.

Was heißt nun aber, Gott anzubeten?

Das Echo in unserem Herzen

Anbetung bedeutet, Gott zu sagen, wer er ist. In Gottes Wort hören wir, was Gott zu uns sagt und wie er sich uns vorstellt: »Ich bin.« In der Anbetung wenden wir die »Ich bin«-Worte Gottes ins Du und sagen: »Du bist.« Jesus sagt: »Ich bin das Brot des Lebens. Ich bin das Licht der Welt. Ich bin der Weg, die Wahrheit und das Leben.«[39] In der Anbetung sagen wir ihm: »Du bist das Brot für mich. Du bist das Licht für mich. Du bist der Weg, die Wahrheit und das Leben für mich.«

Anbetung ist das Echo des Versprechens Gottes in unserem Herzen. Antwort auf Gottes Wort. So kommen Gott und Mensch zur Entsprechung. Es entsteht Resonanz. Genau das nennen wir auch Glauben. Indem wir Versprechen von Herzen vertrauen, entsprechen wir Gott. Es kommen die zusammen, die getrennt sind und doch zusammengehören.

Das ist überhaupt das Wesen des Gebetes: Wir sind bestimmt zum Wortwechsel mit Gott. Seit Beginn der Schöpfung redet Gott. Wir sind angesprochen und zur Antwort gerufen. Als Angesprochene können wir antworten. Von uns aus ginge das gar nicht. Kein Mensch hat die Macht, Gott von sich aus anzusprechen.

Schon an den Königshöfen dieser Welt galt und gilt, was bis heute im Knigge festgehalten ist: Der Höherstehende gibt dem Niederstehenden ein Rederecht. Von sich aus kann ein kleiner Bürger nicht einfach den König ansprechen. Gott gibt uns Rederecht.

Er zeigt sich als Vater, der angesprochen und gebeten sein will. Er gibt uns seinen Namen und macht sich so »anrufbar«. Wir sind zur Gemeinschaft, das heißt zum Wortwechsel mit Gott, berufen.

Hartmut Rosa erklärt zur Grundidee des Christentums:

> Für mich ist die Grundidee dort, dass am Grund meiner Existenz nicht das schweigende Universum, ein kalter Mechanismus, der nackte Zufall oder gar ein feindliches Gegenüber liegen, sondern dass dort eine Antwortbeziehung steht. »Ich habe dich bei deinem Namen gerufen, du bist mein.« Wenn das kein Resonanzappell ist! … Ich interpretiere (die Bibel) deshalb als einziges Dokument des Schreiens, Rufens und Flehens danach, gehört zu werden, Resonanz zu finden, Widerhall zu finden angesichts einer schweigenden Sternenwelt.[40]

Ein Weg mit Verheißung

Beten heißt: Gott anrufen.
Ihn bei seinem Namen nennen.
Ihn auf sein Wort hin ansprechen.
Ihn bei seiner Verheißung behaften.
Ihn ernst nehmen und ihn festhalten.
Beten ist der Weg vom Schweigen zum Reden.

Beten heißt: nach Hause kommen.
Mich meinem Vater in die Arme werfen.
Meine Sünde aussprechen.
Meine Schuld bekennen.
Mein Herz öffnen, hören und frei werden.
Beten ist der Weg vom Zweifeln zum Hoffen.

Beten heißt: Gott zur Rede stellen.
Mein Herz vor ihm ausschütten.
Meine Fragen nennen, mein Leiden klagen.
Meine Lasten vor ihm ausbreiten.
Meine Not zu seiner Sache machen.
Beten ist der Weg vom Sorgen zum Staunen.

Beten heißt: die Sehnsucht von der Seele reden.
Meinen Bedürfnissen Sprache verleihen.
Meine Wünsche in Worte fassen und in Gottes Willen legen.
Mein Herz an sein Wort hängen.
Meine Träume in Gottes Verheißung bergen.
Beten ist der Weg vom Träumen zum Vertrauen.

Beten heißt: Gott die Welt ans Herz legen.
Unsere Augen öffnen.
Unsere Herzen weiten.
Unsere Stimmen für die Stummen erheben.
Unsere Beziehungen unter Gottes Segen stellen.
Beten ist der Weg vom Lassen zum Lieben.

Beten heißt: das Gute nicht vergessen.
Unseren Wohlstand als Gottes Wohltat erkennen.
Unser Glück als Gottes Geschenk.
Unser Leben als seine Gabe.
Unser Herz erfüllen lassen.
Beten ist der Weg vom Denken zum Danken.

Beten heißt: Gott sagen, wer er ist.
Ihm seinen Namen zusprechen.
Ihn auf seine Werke ansprechen.

Ihn wirken lassen.
Ihn unseren Herrn sein lassen.
Beten ist der Weg vom Anfragen zum Anbeten.[41]

Keine letzten Worte

Er stand am Bett seiner Frau. So viele Jahre hatte er neben ihr gelegen, aber jetzt stand er da. Sie lag und ging doch unaufhaltsam von ihm weg. Er stand und verlor doch nach und nach den Boden unter seinen Füßen. Dass es einmal so weit kommen könnte, hatten sie immer gewusst. Aber jetzt, als es so weit war, wussten sie nicht, was zu tun, was zu sagen, was zu glauben wäre. Alles geschah einfach. Unaufhaltsam.

Plötzlich tanzten sie beide. Es war der beschwingte Walzer bei ihrer Hochzeit. Lachen. Musik. Freude. Lust. Leben. Die Strandspaziergänge im Urlaub. Weihnachten mit ihren Kindern. Spielen unterm Christbaum. Wunderbare Erinnerungen. Wie herrlich waren diese tausend Szenen, die sie gemeinsam erlebt hatten. Jetzt liefen sie wie ein Film vor seinen Augen ab, als wäre alles nur ein Traum gewesen. Er stand da und wusste nicht, in welchem Leben er stand.

Sprachlos

Es war an der Zeit, etwas zu sagen. Letzte Zeit. Für letzte Worte. Aber was? Beten? Aber wie?

Früher waren die Worte gesprudelt. Was hatten sie geredet miteinander, so vertraut und selbstverständlich. Und was hatten sie geistliche Fragen bewegt, in der Bibel gelesen, gemeinsam gebetet.

Es gehörte zum Sprachschatz ihrer Ehe. Aber jetzt schien dieser Schatz tiefer vergraben denn je. Wenn's drauf ankommt, lässt sich der Schatz nicht mehr heben. Er wollte beten, aber er konnte es nicht. Er, der Ehemann, der Pastor, der schon zigmal Sterbende begleitet, der Hunderte von Besuchen bewältigt und der tausend Vaterunser gesprochen hatte – ausgerechnet am Sterbebett seiner eigenen Frau fehlten ihm die Worte.

Er versuchte es mit einem Vaterunser – und brachte es nicht zusammen. Wie ein Konfirmand stammelte er, wie einer, der den Text nicht richtig gelernt hat. Wie ein Trottel stand er da. Er wollte über sich selbst lachen, sich verhöhnen und mit sich selbst seinen Gott, der ihm jetzt keine Worte mehr gab. Aber aus ihm heraus kam nur ein Schluchzen. Er stand da und weinte. Bitter. Sein Leib wurde geschüttelt. Seine Seele zitterte. Das Piepen und Hupen der Apparate auf der Intensivstation, ihr Gurgeln und Schnaufen verhöhnten ihn.

Wenig später starb sie. Er stand nicht mehr. Er saß auf einem Stuhl daneben. Er vergaß die Zeit, verlor sie und alles.

Was bleibt, wenn wir gehen?

Es gibt Momente, da kennen wir nichts mehr: kein Vaterunser, kein Bibelwort, kein Lied, kein Gebet, kein Amen. Von unserem Glaubenswissen ist nichts mehr da. Alles weg. Wie verflogen.

WAS BLEIBT, WENN WIR GEHEN?

Ich denke an manches Sterbebett, an dem ich stand oder saß. Es gibt so viele verschiedene Wege, wie Menschen Abschied nehmen von dieser Welt. Was bleibt, wenn wir gehen? Immer wieder erleben wir, dass tiefgläubige Menschen, die oft jahrzehntelang gesungen, gepredigt und mit anderen gebetet haben, die Worte verlieren. Schmerz, Demenz, Medikamente können all das rauben, was dem Glauben über Jahrzehnte hin Ausdruck verliehen hat.

»Ich glaube; hilf meinem Unglauben!« (Markus 9,24). – Das sagte einmal ein Mann zu Jesus. Was für ein ehrlicher Satz. Er gilt auch für die Hoffnung: »Ich hoffe, hilf mir in meinem Zweifel. Halte mich in meiner Angst.« Wer zu hoffen wagt, streckt sich aus nach Halt.

Ich denke an jenen Mann, der am Sterbebett seiner Frau stand und kein Gebet mehr zusammenbrachte. Ich denke an die schwerstkranke Frau mit den zig Operationen, die nur noch seufzen konnte. Ich denke an den Vater, der seine Frau und seinen kranken Sohn nicht loslassen und nicht gehen wollte, aber doch gehen musste. Ich denke an die Hundertjährige, die nur noch schweigen und kaum mehr atmen konnte. Und ich frage: Wie wird mein Sterben sein?

Werde ich beten und singen? Werde ich gewiss sein und ruhig? Werde ich bereit sein zu gehen? Werde ich glauben? Ich weiß nur: Unglaube, Zweifel und Anfechtung – das sind die drei Geschwister der Hoffnung. Wenn ich daran denke, kann ich nur beten: »Mein Gott, ich halte mich daran, dass du mich hältst.«

Wir werden immer wieder an Grenzen stoßen: an die Grenzen unserer Möglichkeiten, unseres Denkens und unseres Glaubens. Immer wieder ist Ende. Das erfahren wir persönlich und als Gesellschaft. Zugleich werden Endpunkte immer wieder zu Ausgangspunkten für ganz neue Wege. Manches Ende wird zum Anfang.

Zeit für das Wesentliche: Hoffnung im Kalender

Alles begann mit einem Bügelbrett. Als 1947 Europa in Trümmern lag, gab es wenig Alternativen zu neuen Anfängen. Weitermachen war schlicht nicht möglich, weil der Kontinent am Nullpunkt war. Also neu anfangen. Auch im mittelhessischen Rittershausen. Dort begann der junge Ingenieur Rudolf Loh mit drei Mitarbeitern, in einer zerstörten Zementfabrik Bügelbretter herzustellen. Metallbetten kamen dazu, Sanitätsmöbel, Aluminiumleitern. 1961 gründete er in einer ehemaligen Weberei das Rittal-Werk. Die Firma fertigt bis heute Schaltschränke aller Art, Serienfertigung für Elektro- und IT-Bedarfe. Aus einem kleinen Unternehmen in der hessischen Provinz ist längst ein Konzern mit zig Tochtergesellschaften und ein Weltmarktführer geworden. Eine typische Geschichte der Wirtschaftswunderzeit, könnte man sagen, und doch alles andere als selbstverständlich.

Lernen am Vorbild

Rudolf Loh war ein gläubiger Mann. 1913 als fünftes von sechs Kindern in Wetzlar geboren, aufgewachsen in einem christlichen Elternhaus, lernte er früh, was es bedeutet, Verantwortung zu übernehmen. Der Vater führte eine Tischlerwerkstatt und baute sie zu einer Möbelfabrik aus. Der junge Rudolf konnte am Vorbild lernen.

Aber Unternehmer zu sein, wird einem nicht in die Wiege gelegt. Es braucht Zielstrebigkeit, Disziplin, Fleiß, die typischen Tugenden eben, die Erfolg versprechen. Man benötigt den Mut, etwas Neues zu wagen. Ein Gespür für neue Möglichkeiten. Über all das hinaus braucht man das Unverfügbare: das, was man selbst nicht machen kann. Manche nennen es Glück, andere nennen es Segen. Ich finde, beides gehört zusammen.

»Glück« steht für das Gute, für Freude und Wohlergehen. Das gibt es in dieser Welt neben allem Leid und allem Schweren auch. »Segen« steht dafür, dass dir all das geschenkt wird. Es fällt dir von außen zu. Nicht nur von einem anonymen Schicksal, sondern von einem, der uns das Leben geschenkt hat und erhält. Alles Gute kommt von einem Gott der Hoffnung, der es gut mit uns meint.

Genau darauf vertraute Rudolf Loh – in der Zeit nach dem Krieg und in den Jahrzehnten, als er sein Unternehmen aufbaute und seine Verantwortung mehr und mehr wuchs. Er hatte tief verinnerlicht, dass seine Zeit begrenzt ist. Alles Unternehmerglück dieser Welt ist doch nur Glück auf Zeit.

Persönliche Ziele im Kalender

Besonders eindrücklich finde ich, dass er das Ziel seiner Zeit in den Blick nahm. So führte er seinen Kalender. Nicht nur akribisch vorausschauend und zukunftsorientiert. Nicht nur, dass er Ziele formulierte und die Zukunft plante. Nicht nur selbstbewusst und geschäftlich voll fokussiert. Sondern bemerkenswert demütig, sozial und auf die Familie ausgerichtet. So finden sich im handschriftlich geführten Taschenkalender des Unternehmers, Ehemanns und Vaters von vier Kindern folgende persönliche Notizen:

1. Vertraue auf Gott und nicht auf deinen Verstand
2. Morgens, mittags und abends beten, Wochenende und Pausen planen
3. Körperbewegung: 5 Std. laufen in der Woche

4. Zwei Krankenbesuche im Monat, einen Familienabend, eine Bibelarbeit erarbeiten, ein Buch lesen
5. Hören auf Mutti, Kinder und die Nächsten[42]

Diese fünf Punkte standen vor den Terminen eines Jahres. Mit ihnen lässt sich ein komplettes Grundlagenseminar für Führungskräfte und Manager gestalten. Es ist eine Agenda für Hoffnungsmenschen, die Körper, Geist und Seele im Blick haben, die leidenschaftlich arbeiten, die Verantwortung übernehmen, die nicht perfekt sind, Fehler machen und darum wissen, die ihre Vergänglichkeit und ihre Mitmenschen im Blick behalten – und gerade so ihre Möglichkeiten ergreifen.

1971 ist Rudolf Loh verstorben. Sein Vermächtnis gehört zur Geschichte der deutschen Wirtschaft. Seine Kalender-Notizen aber sind als historisches Zeugnis eines Unternehmers aus den 1950er- und 1960er-Jahren eine Orientierung bis heute.

6

Anfängerglaube

Vom Auf-Hören und Aufbrechen

Aller Anfang sei schwer. Sagen wir.
Jedem Anfang wohne ein Zauber inne. Hören wir.
Ich höre nie auf, mit euch neu anzufangen. Sagt Gott.
Darauf verlasse ich mich.

Die wahre Schöpfung liegt nicht hinter uns, sondern vor uns

»Am Anfang schuf Gott Himmel und Erde …« (1. Mose 1,1) – Das ist der erste Satz des meistgedruckten, meistgelesenen und in die meisten Sprachen übersetzten Buchs der Weltgeschichte: der Bibel. So beginnt alles. Gott fängt an. In sechs Tagen schafft Gott die Welt. Am siebten Tag ruht er. Auf diesen Ruhetag, diesen Sabbat der Schöpfung, läuft alles zu. Auf diese Vollendung ist alles Schaffen ausgerichtet. Alles, was werden soll, die ganze Geschichte, ist in diesem ersten Kapitel der Bibel vorgezeichnet. Die Schöpfung zielt schon auf eine Vollendung. Vom ersten Tag an ist sie auf Hoffnung angelegt.

Was heißt das für aufgeklärte Menschen? – Alles, was ist, ist gewollt. Der Ewige hätte nicht schaffen müssen. Aber er hat es getan. Aus Liebe. Der Ewige entscheidet sich, das Zeitliche zu schaffen, weil er nicht allein sein will. Er will Augenblicke, um anderen in die Augen zu sehen. Ein Gegenüber. Er räumt einen Raum ein, einen Lebensraum, in dem Begegnung möglich ist. Das sagt etwas über das Wesen Gottes und über das Wesen des Menschen. Wir sind gewollt, geliebt und gesegnet. Denn die Welt ist zwar nicht göttlich, aber auch nicht sinnlos. Sie ist auf Hoffnung hin angelegt. Sie ist gut. Sehr gut sogar. Alles Geschaffene hat ein Recht und eine Würde. Der Mensch als Gottes Ebenbild hat eine besondere Würde.

»Im Anfang war das Wort …« Das ist der erste Satz im Johannesevangelium, einer der vier großen Erzählungen über das Leben von Jesus, die am Beginn des Neuen Testaments stehen, dem zweiten Teil der Bibel (Johannes 1,1). Johannes bezieht sich ausdrücklich zurück auf den »Anfang«, also auf den schaffenden Gott. In den vier Evangelien wird die Geschichte von Jesus Christus erzählt und von ihm handelt das ganze Neue Testament. Dabei wird deutlich: Glauben, Hoffen und Lieben – das ist ein Geschenk. Wer zu glauben beginnt, wird neu geschaffen, neu geboren, fängt neu an. Dafür steht die Taufe. Alles ist Neuschöpfung.

»Ich bin das A und das O, der Erste und der Letzte, der Anfang und das Ende«, sagt der auferstandene Jesus im letzten Buch der Bibel (Offenbarung 22,13). Von ihm kommt alles her und auf ihn geht alles zu. Es gibt ein Ziel der Zeit. Jesus ist der Hoffnungsmensch schlechthin. Er ist der Ewige, der in die Zeit kam. Und: Er hat das Zeitliche gesegnet. Er öffnet die Zeit für die Ewigkeit. Dafür steht seine Auferstehung. In ihm gründet alle Hoffnung.

Gott ist ein leidenschaftlicher Anfänger

Schöpfung – das ist nicht nur ein Ereignis am Anfang, das unsere Existenz begründet. Schöpfung ist ein fortdauernder Prozess. Sie geht kontinuierlich weiter. Darum sprach schon der alte Augustinus (354–430) von der creatio continua, also der andauernden Schöpfung. Gott bewahrt die Welt vor dem Untergang. Er trägt sie und erhält sie. Er herrscht nicht von oben herab, sondern trägt von unten her, wie eine Mutter ihr Kind trägt. Er geht mit. Er begleitet. Hält mit aus. »Ich will euch tragen«, verspricht er (Jesaja 46,4). Und er hört nicht auf, zu schaffen: »Gedenkt nicht an das Frühere und achtet nicht auf das Vorige! Denn siehe, ich will ein Neues schaffen, jetzt wächst es auf, erkennt ihr's denn nicht?« (Jesaja 43,18-19).

Gott ist ein leidenschaftlicher Anfänger. Er fängt immer wieder neu an. Mit der Welt. Mit den Menschen. Nach der großen Flut. Nach der großen Schuld. Gott fängt an. Und er hat nie aufgehört, neu anzufangen. Dafür steht Jesus Christus. Für das totale Ende. Sein Tod am Kreuz. Und den Anfang am Ostermorgen, den kein Grabstein halten kann: Gott fängt an. Und zwar mit uns. Darum heißt der große Hoffnungsappell: Wage den Anfängerglauben! Du sollst leben. Du kannst neu anfangen. Trotz allem.

Das bedeutet es, als Christ zu leben: neu anzufangen im Vertrauen auf den Gott der Hoffnung. Jeden Tag. Hoffnungsmenschen bleiben Anfänger.

Das vergessen wir allzu oft. Es gibt ein großes Missverständnis. Wir können Schöpfung missverstehen als einen einmaligen Akt Gottes am Anfang, also als etwas, was längst vorbei ist. Als eine Hypothese zur Weltentstehung. Als das, was am weitesten in der Vergangenheit zurückliegt. Damit verkennen wir aber das Wesen der Schöpfung und erst recht das Wesen des Schöpfers. Wir missverstehen Gott. Wir verkennen ihn als Schöpfer. Mit Jürgen

Moltmann halten wir fest: »Die wahre Schöpfung liegt nicht hinter uns, sondern vor uns.«[43] Schöpfung ist Gegenwart und Zukunft. Gott ist nach wie vor am Werk. Er wirkt. Er ist lebendig. Er ist ein Gott der Hoffnung.

Diesem ersten Missverständnis entspricht ein zweites. Wir missverstehen uns selbst. Wir meinen, Neuschöpfung sei etwas gewesen am Anfang unseres Glaubens. Als wir getauft wurden oder als wir uns bekehrt haben. Als wir begannen, ein religiöses Leben zu führen. Oder eben auch nicht. Wir meinen, das mit der Neuschöpfung hätten wir in der Tasche und es wäre Teil unserer Vergangenheit – oder aber, es hätte mit uns nichts zu tun, wenn wir bisher weniger oder gar nicht religiös gelebt haben. Aber in beiden Fällen verkennen wir: Glauben heißt, heute neu anzufangen. Heute neu vertrauen. Mich heute neu auf Gott verlassen, der mit mir anfängt.

GLAUBEN HEISST, HEUTE NEU ANZUFANGEN.

Glaube ist immer Anfängerglaube. Wer meint, weiter zu sein, Anfänge nicht mehr zu brauchen, missversteht alles. Wer meint, schon selbst etwas geschafft zu haben in seinem Glauben, in seiner Heiligung, in seinem Gerechtsein, entwickelt einen frommen Stolz und jene religiöse Überheblichkeit, die andere spüren und die sich auch durch Freundlichkeit nicht auf Dauer kaschieren lässt. Oder er verzweifelt, weil er dem eigenen religiösen Leistungsdruck nicht standhalten kann und am eigenen Gesetz gescheitert ist. Die entscheidende Einsicht ist: Wir kommen nie weiter als an den Punkt, dass wir uns darauf verlassen: Gott fängt neu mit mir an. Das gilt erst recht auf dem Sterbebett. Dann leben wir davon, dass der lebendige Gott in unser Sterben hineinspricht: Ich fange neu an mit dir. Das bedeutet es, als Hoffnungsmensch zu leben: an den Anfang Gottes mit mir und mit der Welt zu glauben. Und genau das bedeutet es auch, als Hoffnungsmensch zu sterben: mich darauf zu verlassen, dass Gott mit mir neu anfängt.

Ich will daran erinnern: Das hebräische Wort für »schaffen« heißt »bara« und hat nur Gott als Subjekt, aber nie den Menschen. Nicht einmal Schwaben mit ihrer »Schaffa-schaffa-Häusle-baua«-Mentalität. Allein Gott schafft. Nur er ist Schöpfer. Das gilt für die Welt als Ganzes. Und das gilt für unseren Glauben: Auch den schafft nur Gott. Dauerhaft. Er erhält ihn. Auch in unserem Scheitern sind wir gehalten.

Kirche mit leichtem Gepäck

Ehrlich gesagt, glaube ich, dass uns in den Kirchen und Gemeinden diese Haltung der Hoffnung am meisten fehlt. Denn hier geht es wirklich um Haltung. Wer sich an den Anfänger-Gott hält, verhält sich anders. Wer selbst die Anfangshaltung einübt, macht auch anderen Anfänge möglich. Jede Gemeinde, jede Form von Kirche sollte ein Raum sein, in dem Anfänge möglich sind und erfahren werden.

Mach mal den Check für deine Gemeinde, wenn du eine hast: Kennst du Gemeinde als einen Raum des Anfangs? Erfahren Menschen, die dort anderen begegnen, zuerst und zuletzt und zutiefst: »Hier bin ich Mensch. Hier bin ich Kind Gottes. Hier darf ich sein. Hier darf ich anfangen.«? So soll es sein.

Was uns als Kirchen und Gemeinden am meisten fehlt, sind weder Kirchensteuern noch Spenden, weder Mitglieder noch Mitarbeitende, weder Konzepte noch Programme – was uns fehlt, ist der Glaube daran, dass Gott Neues schafft und heute mit uns anfängt.

Hoffnungsmenschen
fragen nicht:
Was wird aus uns werden? –

Sie fragen:
Wem können wir dienen?
So verändern sie die Welt.

Der Bochumer Theologe Günter Thomas sagt es so:

> Gottes Lebendigkeit aus den Augen verloren zu haben – in Theologie und Kirche –, ist das grundlegendste Problem der Relevanzkrise und der Mitgliederkrise der Kirche. Die Menschen spüren, wenn die SPD nicht mehr mit Gerechtigkeit, die FDP nicht mehr mit Eigenverantwortung und die Kirche nicht mehr mit Gottes Lebendigkeit rechnet.[44]

Dabei sind wir als Kirche nur darin unersetzbar, dass wir um ein Hoffnungsreservoir wissen, das die Welt per se nicht hat. Dazu freilich müssen wir als Kirche selbst den Anfängerglauben neu entdecken und aufhören, uns zuerst über unsere Geschichte, unsere Tradition und bisherige Privilegien zu definieren. So wertvoll dies alles ist, wenn wir begreifen, dass wir heute am Anfang stehen, ist das ein grundlegender Perspektivenwechsel. Weg vom vermeintlichen Zwang, die eigene Institution möglichst lange erhalten zu müssen. Weg vom Selbsterhaltungstrieb. Ein Paradigmenwechsel hin zu einer Pionieridentität. Dann sehen wir uns nicht mehr am vorläufigen Tiefpunkt einer Verfallsgeschichte, die nur noch weitere Tiefpunkte für uns bereithält. Wir stehen am Anfang einer neuen Reise.

Lasst uns als Kirche aussteigen aus der Verzweiflungsspirale, die uns erschöpft und frustriert. Lasst uns ernst machen damit, dass wir uns nicht selbst erhalten, sondern neu schaffen lassen. Lasst uns Kirche als eine Hoffnungsgemeinschaft verstehen, die mit leichtem Gepäck aufbricht auf neue Wege und in neue Formen, um möglichst viele Menschen zu erreichen.

Die Bibel ist voll von solchen Anfangsgeschichten. Interessanterweise meist mit Menschen, die eigentlich längst am Ende waren. Zu alt. Zu schuldig. Zu fertig. Zu viel Leben schon gelebt. Abraham und Sara. Mose und Mirjam. Rut, David. Und dann erst im

Neuen Testament. Lauter Anfangsgeschichten von Maria und Marta, Simon und Saulus. Und erst recht Lazarus, der ganz am Ende war, gestorben, begraben, verwesend – und dann doch noch einmal seinen Namen hörte und ein zweites Mal das Licht der Welt erblickte. Immer wieder Anfang. Obwohl sie alle am Ende waren. Weil Glaube Neuschöpfung ist. Weil Gott nicht am Ende ist, sondern Anfänger bleibt: einer, der mit uns anfängt. Mit einzelnen Menschen. Mit Paaren. Mit Familien. Mit Gemeinden. Mit Verbänden und Werken. Mit Kirchen. Mit einer Gesellschaft. Mit dieser Welt und ihren tausend Welten.

Hoffnungsmenschen fragen nicht: Was wird aus uns werden? – Sie fragen: Wem können wir dienen? So verändern sie die Welt. So geht auch das Schaffen Gottes weiter, durch das er die Welt erhält und erneuert.

Die Schlüsselfrage für Mission und Diakonie

Wem können wir dienen? – Das ist die Schlüsselfrage für alle Gemeinden, für missionarische und diakonische Werke und Initiativen. Diakonie und Mission sind nicht zwei Paar Stiefel. Nicht einmal zwei Seiten einer Medaille. Diakonie ist auch nicht Mittel zum Zweck der Mission. Der Füße waschende Jesus sagte: »Ein Beispiel habe ich euch gegeben, damit ihr tut, wie ich euch getan habe« (Johannes 13,15).

Entscheidend dabei: Dienen darf nicht als paternalistische Herablassung missverstanden werden. Nicht als Unterscheidung der Hilfe Spendenden von den Hilfe Empfangenden als den vermeintlich Bedürftigen. Entscheidend ist zu begreifen, dass wir alle bedürftig sind und einander (!) helfen. Wir alle sind Seele (»näfäsch«), bedürftige Menschen. Augenhöhe ist gefragt. Die Zuwendung zum

Nächsten ist auf Gegenseitigkeit angelegt. Sie ist immer eingebettet in eine wechselseitige Beziehung. Immer dialogisch.

Das gilt für missionarisches und diakonisches Handeln: Beides sind Kommunikationswege, auf denen Hoffnung geteilt wird. Diese Wege sind nie Einbahnstraßen. Solche dialogische Offenheit ist ein entscheidendes Kriterium, wenn es darum geht, missionarische und diakonische Arbeit zu bewerten. Damit ist aber eine echte Hoffnungsperspektive eröffnet: Wenn Kirchen und Gemeinschaften im 21. Jahrhundert als Institutionen an Bedeutung verlieren, aber neu zu dienenden Bewegungen werden, dann ist das das Beste, was ihnen passieren kann, und ein Segen für unser Land.

Ganz nebenbei gewinnen Kirchen so wieder an Relevanz. Allerdings nur in dem Maße, wie sie ihren institutionellen Selbsterhaltungstrieb zähmen und die selbstlose Hingabe wiederentdecken, die jede christliche Gemeinschaft eigentlich ausmachen sollte. Die hessische Pfarrerin Katharina Scholl formuliert es so: »Der Schatz spiritueller Ressourcen des Wandels liegt nicht in der Selbstbeschäftigung, sondern in heiligen Augenblicken institutioneller Selbstvergessenheit … dort, wo wir ins Risiko gehen.«[45]

Es gilt, neu Hör-Gemeinschaft zu werden. Zu hören, was der Gott der Hoffnung verspricht. Zu sehen, wem wir dienen können und sollen. Zu gehen, wohin der Geist uns führt. Diese Form der Geistes-Gegenwart brauchen wir in unseren Gemeinden. Es ist nicht auszudenken, was in dieser Geisteshaltung möglich wird.

Wer loslegen will, muss loslassen

Jede Innovation braucht Exnovation. Du musst etwas loslassen, wenn du neu loslegen willst. Alles Aufbrechen beginnt mit Aufhören. So ging das schon einem Mann namens Abram.

Wie die Sterne: Abram

Die uralte Aufbruchsgeschichte beginnt im zwölften Kapitel der Bibel. Der alte Abram hört eine Stimme: »Geh aus deinem Vaterland und von deiner Verwandtschaft und aus deines Vaters Hause in ein Land, das ich dir zeigen will.« Fünfundsiebzig Jahre ist Abram alt, als er diese Stimme hört. Eigentlich Zeit fürs alte Eisen. Ausruhen. Bleiben, wo ich bin.

Aber Abram geht. Er hört die Stimme. Es ist die Stimme Gottes, aber wirklich bekannt und vertraut ist ihm dieser Gott nicht. Er kennt seinen Namen nicht, er hat ihn nie gesehen, er hat bisher keine Geschichte mit ihm. Er hört nur den Aufruf ins Ungewisse. Klar und konkret ist nur, was er verlassen soll. Wohin es geht, das wird sich zeigen. Alles unbekannt.

KLAR UND KONKRET IST NUR, WAS ABRAM VERLASSEN SOLL. WOHIN ES GEHT, DAS WIRD SICH ZEIGEN.

Wer bricht so auf?

Hoffnungsmenschen. Sie vertrauen dem Versprechen im Aufbruchssignal. Wie Abram, der hört, wie Gott noch sagt: »Ich will dich zum großen Volk machen und will dich segnen und dir einen großen Namen machen, und du sollst ein Segen sein.« Das hört er als kinderloser alter Mann. Ein Versprechen gegen alle Vernunft. Eine Möglichkeit jenseits aller Wirklichkeit. Eine Hoffnung gegen alle Erfahrung.

Wer Neues erfahren will, muss ins Risiko gehen. Wer die Wohnung neu einrichten will, muss erst ausräumen. Wer innovativ gestalten will, muss erst Altes aufhören und lassen, eben »exnovativ« werden. Wir müssen das Lassen lernen. Das fällt vielen Menschen schwer. Andere lassen mehr los, als die meisten je bekommen.

Mehr als Millionen: Sabine Ball

Ein Beispiel dafür ist für mich Sabine Ball, die sogenannte Mutter Teresa von Dresden. Vor über 20 Jahren habe ich ein Buch über ihr Leben geschrieben. Einen biografischen Roman über eine faszinierende Lebensgeschichte.[46] Der Aufbruchsmut dieser Frau hat mich zutiefst beeindruckt.

Als junges Mädchen aus Ostpreußen musste sie vor der Roten Armee in den Westen fliehen. In Dresden überlebte sie das Feuerinferno nach dem Brandbomben-Angriff der Alliierten in der Nacht vom 13. auf den 14. Februar 1945.

Als junge Frau brach sie nach Amerika auf. Begegnete dort Richard Nixon, tanzte mit dem Schah von Persien und heiratete schließlich einen Multimillionär. Zur Verlobung bekam sie einen Ring im Wert eines neuen Mercedes, wie sie mir sagte. Aber ihre Ehe ging in die Brüche. Alkohol. High Society. Leere. Suche nach Sinn. Meditation in einem Kloster am Rand des Himalaja. Die Hippie-Bewegung in Haight-Ashbury, San Francisco.

So viele großartige Episoden an geschichtsträchtigen Orten! Irgendwann kam sie über die Jesus-People-Bewegung zum Glauben an Jesus Christus. Ihren gesamten Besitz stiftete sie und investierte ihn für junge Menschen in eine Art christliches Lebenszentrum in Kalifornien in der Nähe von Mendocino.

Der eigentliche Aufbruch aber kam in den Neunzigerjahren. Im Alter von 68 Jahren kam sie zurück nach Deutschland, genauer gesagt nach Dresden. Sie kehrte dorthin zurück, wo sie die Hölle auf

Erden erlebt hatte. Dabei hatte sie nur einen kleinen Koffer mit ein paar Kleidern, 1 500 Dollar und die tiefe Gewissheit: Die Straßenkinder in Dresdens Neustadt brauchen jemand, der für sie da ist, sie begleitet, für sie betet und mit ihnen eine Hoffnung teilt. Also zog sie nach Dresden, noch ohne eine feste Wohnung zu haben. Fürs Erste kam sie bei Christen an der Martin-Luther-Kirche unter. So entstand die Arbeit des »Café Stoffwechsel«.

Ich werde nie vergessen, wie Sabine Ball bei einer Buchvorstellung einem jungen Mann begegnete. Er gehörte zu einer Gruppe junger Männer im offenen Strafvollzug, war annähernd zwei Meter groß, ein Berg von einem Mann. Ihm gegenüber stand die kleine alte Dame, ging auf ihn zu, sah zu ihm auf und sagte: »Weißt du, dass du wertvoll bist?«

Direkt, freundlich, ohne Umschweife. Dann umarmte sie den fremden Kerl. Der wusste nicht, wie ihm geschah. Er wusste nicht wohin mit seinen Armen und wohin mit seinen Tränen. Er stand einfach nur da und ließ sich umarmen.

Eine solche Zuwendung ist sicher einzigartig. Nicht jedermanns Sache und nicht jedermanns Auftrag. Es war eben Original Sabine. So war nur sie. So war sie unter Punks unterwegs, in der Drogenszene, im Gefängnis. Eben Mutter. Eine Seele von Mensch. Eine Beterin. Eine, die aufbrach, um Hoffnung zu schenken.

Sabine Ball war keine Theologin. Sie war keine Organisatorin. Ihr Management auf einer Skala zwischen »meisterhaft« und »miserabel« eher Letzteres. Sie war nur authentisch. Sie hat nur geglaubt, vertraut und gelebt. Einfach ihre Berufung gelebt. Alles andere ist geworden. Sie hat Gefährten gefunden, die genau das konnten, was nicht ihr Ding war. Schnell waren Häuser gefunden, Mittel wurden akquiriert, Personen eingestellt. In einer Fernsehsendung übergab ihr der damalige Bundestrainer Berti Vogts einen neuen Passat für ihr Projekt.

Sie hatte keinen Businessplan, keine Marketing-Strategie, kein Konzept. Nur Vertrauen. Nur die Bereitschaft, zu hören. Wie Abram. Und sie war bereit, aufzubrechen in ein unbekanntes Land. Berechenbar war hier gar nichts. Machbar erschien ganz wenig. Kalkulierbar war allenfalls, dass so ein Unternehmen scheitern müsste.

Überzeugend war sie allein durch ihren Mut, loszulassen, ins Risiko zu gehen und alles auf Hoffnung zu setzen. Und was nicht berechenbar, nicht machbar und nicht kalkulierbar war, ist geworden.

Grenzüberschreitungen

Innovationen wachsen dort, wo Menschen bereit sind, Grenzen zu überschreiten. Wo wir Neuland betreten. Wo unsere Perspektiven mit denen von anderen zusammenkommen. Die größte Grenzüberschreitung, von der in dieser Welt erzählt wird, ist die, dass Gott Mensch wurde. Mehr ist schlicht nicht denkbar, als dass die Grenze zwischen Himmel und Erde, zwischen Schöpfer und Geschöpf überwunden wird. Weihnachten und Ostern, Grenzüberschreitungen der ultimativen Art, zwischen Tod und Leben.

Seither ist keine Grenze mehr unüberwindbar. Nichts ist unmöglich. Darauf zu vertrauen, entgrenzt unser Denken und entspannt unser Gemüt. Unzählige Hoffnungsmenschen haben in dieser Hoffnung Neues gewagt und tun das bis heute.

Vom kleinen Schuhmacherladen zum Marktführer

Dazu zählen auch viele Unternehmerinnen und Unternehmer. Die meisten haben klein und unscheinbar begonnen. Mit dem Hoffnungsschritt über eine Grenze hinweg. Ich denke etwa an einen kleinen Schuhmacherladen, den der fünfundzwanzigjährige Heinrich Deichmann 1913 im Arbeiterbezirk Essen-Borbeck eröffnete. Mit seiner Ehefrau Julie wagte er die Geschäftsgründung. Die Arbeiter sollten anständige Schuhe haben. Er hatte einen Sinn für die Würde des Menschen und für gesunde Füße. Und das in unsicheren Zeiten. Der erste große Krieg stand bevor. Die Weimarer Republik folgte, die Wirtschaftskrise, der Nationalsozialismus. 1940 starb der Gründer im Alter von nur 52 Jahren.

Seine Ehefrau Julie brachte den Laden durch die Kriegsjahre. Sohn Heinz-Horst Deichmann studierte Medizin und Theologie, unterstützte seine Mutter im Geschäft, eröffnete Filialen, beispielsweise in Düsseldorf und Oberhausen. 1956 stieg er als promovierter Mediziner ganz ins Unternehmen ein und führte es weiter. Sein Anliegen war das seines Vaters: die Grundversorgung der Menschen. Jeder Mensch sollte ordentliches Schuhwerk haben. Es ging nicht um Luxusartikel, sondern um das, was zum Leben nötig ist. Gut sollte es sein und günstig. Natürlich wurde diese Positionierung auch zur Markenstrategie – die Idee aber erwuchs aus einem Hoffnungsschritt. So gründete Heinz-Horst Deichmann das christliche Hilfswerk »Wort und Tat«. Hoffnung zu verbreiten, blieb ein Leitmotiv. Hilfe für Leprakranke in Indien war ein erster Schwerpunkt.

Inzwischen hat sich dessen Arbeit weit ausgebreitet wie das Schuhunternehmen. Längst ist Deichmann zum Marktführer in Europa geworden, über 4000 Filialen in über 30 Ländern. Unvorstellbar, was aus dem kleinen Schuhgeschäft in Essen-Borbeck geworden ist.

Der Enkel des Gründers trägt den gleichen Namen wie sein Großvater und führt das Unternehmen weiter. Und wie sein Vater teilt er die Hoffnung, die ihn trägt, durch sein soziales Engagement. Auch das Hilfswerk hat expandiert und unterstützt Projekte, etwa in Tansania, in der Republik Moldau, in Griechenland, und ist außerdem in Deutschland tätig.

Nein, es geht nicht darum, große Unternehmen zu glorifizieren oder gar Gründerfiguren zu überhöhen. Jede Geschichte hat auch ihre Schattenseiten, auch die Geschichte von Unternehmen und christlichen Werken. Aber es gilt, Hoffnungsspuren zu entdecken und wahrzunehmen, wie Menschen in gespannter Erwartung Schritte gewagt und Grenzen überschritten haben. Sie hatten wenig Aussicht auf Erfolg. Aber sie haben mehr bewirkt, als jemals kalkulierbar gewesen wäre.

Dem Krieg zum Trotz: Ein Hoffnungsort in Schwäbisch Gmünd

Fast zeitgleich zur Gründung des kleinen Schuhmacherladens in Essen ereignet sich im württembergischen Schwäbisch Gmünd etwas, was ebenfalls Geschichte schreiben sollte. Eine Hoffnungsgeschichte ganz eigener Art. Es geschah an dem Tag, als Deutschland sich zum Ersten Weltkrieg rüstete. Am 28. Juni des Jahres 1914 war der österreichische Thronfolger in Sarajevo ermordet worden. Es folgten bewaffnete Auseinandersetzungen zwischen Serbien und Österreich, England und Belgien. Nationale Emotionen prägten Europa. Zwischen verschiedenen Staaten gab es Bündnisse. Das politische Klima war äußerst angespannt. Die Regierungen waren bereit, allzu schnell zu den Waffen zu greifen. Der Kontinent stand kurz vor einer unkalkulierbaren Explosion, ein Pulverfass unter höchstem Druck. Dann, am 1. August 1914, erklärte Deutschland Russland den Krieg.

Just an diesem Tag der Mobilmachung der deutschen Streitkräfte unterzeichneten einige Männer im Rathaus zu Schwäbisch

Gmünd einen Kaufvertrag für ein Grundstück auf der Höhe über der Stadt. Diesen Ort nannte man damals schon bei dem Namen, den er heute noch trägt: Schönblick.

Es ist die Geburtsstunde des größten christlichen Gästezentrums im deutschsprachigen Raum. Dort sollte später Sir Peter Ustinov getauft werden. Unzählige Kongresse, Tagungen, Freizeiten finden bis heute dort statt. Über 75 000 Übernachtungen pro Jahr. Ein Pflegeheim wurde gebaut. Eine Gemeinde gegründet. Aus dem einstigen Erholungsheim ist ein kulturelles Zentrum geworden. Ein Hoffnungsort für viele. 2013 besuchte Bundeskanzlerin Angela Merkel den Schönblick.[47]

Die Geschichte begann mit einer Unterschrift im Rathaus. Missionar Friedrich Braun war der erste Leiter des Schönblicks. Er war bei der Unterzeichnung dabei und schrieb im Jahr 1931 zurückblickend:

> Unvergesslich bleibt der 1. August 1914. Bei spiegelglatter See startete das Schönblick-Schifflein. Jedermann dachte an eine normale Fahrt. Aber schon nach kurzer Strecke brach der Sturm los und bis zum heutigen Tag hat das Heim mit Wettern zu kämpfen. Damals tönten Trommelwirbel und Trompetenschall vom Marktplatz herauf ins Gmünder Rathaus, wo wir eben unseren Bauplatz bezahlten und unsere Namen unter den Kaufvertrag setzten. Eine schneidende Offiziersstimme proklamierte den Kriegsausbruch und die Mobilmachung. Ein Schaudern ergriff auch die Starken. Die Gewalt der Stunde war zu groß, als dass ihre Tragweite und Größe hätte geahnt werden können. Jetzt lebte man nicht mehr, man wurde gelebt. Ein Blatt der Weltgeschichte wurde umgewendet, nicht von Menschen – von dem heiligen Gott selbst.[48]

Auch wenn man das historische Pathos abzieht, bleibt doch aus der alten Notiz etwas festzuhalten: das Staunen darüber, dass am

1. August 1914 nicht nur ein Weltkrieg begann, sondern eine Hoffnungsgeschichte. Die meisten Männer wurden zum Kriegsdienst eingezogen. Mit Gastarbeitern vorwiegend aus Italien wurde während des Krieges das Haus gebaut. Weil Menschen Hoffnungsschritte gingen, bei denen nicht absehbar war, dass sie je ihr Ziel erreichen würden. Hoffnung ist oft eine Haltung gegen den Trend. Hoffnung hat die Trotz-Qualität derer, die es wagen, im Vertrauen Risiken einzugehen. Am 2. Juli 1916 wurde das Haus mitten im Krieg eingeweiht.

Solche Aufbruchsgeschichten gibt es aber nicht nur rückblickend zu erzählen. Sie geschehen auch heute. Ich bin überzeugt davon: Mehr denn je ist heute Gründerzeit.

Alles auf Anfang!

Vor wenigen Jahren: Eine kleine Gruppe von Christen zieht gemeinsam durch Magdeburg. Sie gehören zu einer kleinen landeskirchlichen Gemeinschaft. Sie gehen durch ihre Stadt und erkunden den Sozialraum. Dabei stellen sie fest: In diesem östlichen Stadtteil gibt es bei gut 60 000 Einwohnern so gut wie kein zielgruppenorientiertes Angebot für junge Menschen. Sie träumen davon, eine Jugendgemeinde zu gründen. Dann veranstalten sie einen Workshop mit zwölf Personen der Gemeinschaft. »Visionstreff« nennen sie dieses Meeting. Sie überlegen, was es bräuchte, ob man hauptamtliche Stellen dafür schaffen müsste und wie diese finanziert werden könnten. Sie beginnen, von ihrem Traum zu erzählen, und knüpfen Netzwerke. Sie teilen eine Vision. Sie malen sie immer konkreter aus. Sie schreiben Konzeptionen und stellen Anträge für Förderungen.

Ein Antrag kam dreizehnmal zurück, so erzählt der Referent für Neugründungen Oliver Ahlfeld – und wurde dann nach einem Jahr und drei Monaten bewilligt. Zwei junge Jugendreferentinnen und ein Jugendreferent zogen, frisch ausgebildet, nach Magdeburg. Eine Stelle war etwa zur Hälfte finanziert. Eine andere noch nicht. Aber sie kamen trotzdem, weil sie die Vision teilten. Sie kamen auf Hoffnung hin. Waren bereit, in Magdeburg zu leben, sich übergangsweise eine andere Arbeit zu suchen. So lange, bis die Gemeinde starten konnte.

Endlich wurde auch der große Förderantrag bewilligt. Es wurde gefeiert und die EASTSIDE.Jugendgemeinde in Magdeburg nahm Fahrt auf. Jugendliche und junge Erwachsene, Studierende kommen hierher, finden einen Ort, an dem sie sein dürfen, und eine Gemeinschaft, zu der sie gehören. Das Projekt ist im Werden. Längst nicht fertig. Alles ist im Fluss. Aber schon jetzt ist den Beteiligten klar: Sie sind Teil einer Hoffnungsgeschichte in Magdeburg.

Heute fang ich an!

Initiativen wie diese gibt es immer mehr. Ich denke an das »Café Königskind« in Siegen, ein Eltern-Kind-Café mit verschiedenen Angeboten für Familien und exzellentem Kaffee und Kuchen. An das »projekt:k – kirche für freiham« in München, wo ein Ehepaar in einem der größten Städtebau-Projekte Europas neue Formen von Kirche anbietet. An die »Aktion Hoffnungsland«, die in Württemberg Musikschulen betreibt, Geflüchtete begleitet, in Schulen und Stadtteilen sozialräumliche Jugendarbeit anbietet und Freizeiten für Menschen mit Behinderungen gestaltet. Immer geht es darum, mit anderen neu anzufangen.

Besonders krass ist das dort, wo Jugendliche am Ende sind, bevor ihr Leben so richtig begonnen hat: im Seehaus in Leonberg und in Leipzig leben Jugendliche im freien Strafvollzug. Im Klartext: Eigentlich säßen sie im Knast. Der »Jugendstrafvollzug in freien Formen« bietet eine Alternative zum geschlossenen Jugendstrafvollzug. Der Verein Seehaus e. V. betreibt diese Modelleinrichtungen für straffällige Jugendliche und Heranwachsende zwischen 14 und 23 Jahren. Voraussetzung: Sie müssen bereit sein, an sich zu arbeiten. Nach Zustimmung des Anstaltsleiters verbringen sie ihre gesamte Haftzeit im Seehaus. Bis zu sieben Jugendliche wohnen mit den Hauseltern und deren Kindern zusammen und erfahren so – oft zum ersten Mal – »funktionierendes« Familienleben, Liebe und Geborgenheit. Gleichzeitig erwartet sie ein durchstrukturierter und harter Arbeitsalltag:

Um 5:45 Uhr beginnt der Tag mit Frühsport. Bis 22:00 Uhr sind die Jugendlichen in ein konsequent durchgeplantes Erziehungsprogramm eingebunden: Hausputz, Schule, Arbeit, Berufsvorbereitung, Sport, gemeinnützige Arbeit, Auseinandersetzung mit den Auswirkungen von Straftaten für die Opfer, Wiedergutmachung, soziales Training und die Vermittlung christlicher Werte und Normen sind fester Bestandteil des Konzepts. Sie dienen dazu, dass die Jugendlichen lernen, Verantwortung zu übernehmen, und die besten Voraussetzungen haben, um sich nach ihrer Entlassung als gesetzestreue Bürger in die Gesellschaft einzubringen.

Gestartet wurden die Initiativen für straffällige Jugendliche von Tobias Merckle, der auch die Hoffnungsträger-Stiftung gegründet hat. Der Sohn einer der bedeutendsten Unternehmerfamilien in Deutschland lebt seine Berufung, Menschen in ausweglosen Lagen Hoffnung zu geben.

Was all diesen Projekten gemein ist: Sie schauen nicht zurück. Ihre Haltung heißt: Alles auf Anfang! Heute beginnt alles neu. Heute fangen wir an. Das klingt selbstverständlicher, als es ist. Denn wir neigen dazu, uns von unserer Geschichte her zu definieren. Nicht von der Vision, die uns leitet. Nicht von dem Traum, den wir träumen. Nicht von dem Versprechen, das uns gegeben ist. Und damit nicht von der Hoffnung. Aber wir brauchen diesen Perspektivwechsel. Auch wenn wir nach uns selbst fragen.

WIR NEIGEN DAZU, UNS VON UNSERER GESCHICHTE HER ZU DEFINIEREN.

Wer bin ich eigentlich? – Immer wieder stoßen wir auf diese Frage. Formulare geben die Felder vor, die unsere Identität festhalten sollen: Name, Adresse, Kontaktdaten, Geschlecht, Familienstand, Konfession. Wir schreiben einen Lebenslauf, wenn wir uns um einen Job bewerben. Wir legen Zeugnisse und Referenzen vor. Aber sind wir das wirklich? Was prägt unsere Identität?

Zu unserer Identität gehört unsere Geschichte. Alles, was wir erlebt haben. Unsere Erfahrungen. Was gut war. Was uns belastet. Was wir falsch gemacht haben. Was uns verletzt hat. Unsere Wunden und die Wunder, die wir erlebt haben – all das gehört zu unserer Geschichte.

Unsere Beziehungen gehören zu uns. Die Menschen, die uns geprägt haben. Eltern, Geschwister, Freundinnen und Freunde, Lehrkräfte, Leitungspersonen, Partnerinnen und Partner, Kollegen, Vorgesetzte … Menschen, die uns nahestehen oder denen wir gerne näherstünden. Menschen, mit denen wir leben, und Menschen, um die wir trauern. Menschen, mit denen wir zerstritten sind oder die uns fremd geworden sind. Keine Frage, wir sind nicht wir ohne unsere Beziehungen.

Natürlich geht es auch um unseren Beruf. Was wir tun, hat eben auch mit uns zu tun. Nicht umsonst sagen wir: »Ich bin Maurer, Ärztin, Ingenieur, Erzieherin, Hausmann …« oder was auch immer. Der

Schreibtisch oder die Werkstatt prägen unsere Weltsicht. Zugleich ist auch klar: Damit ist noch nicht hinreichend beschrieben, wer wir sind. Jedenfalls sind wir nicht die Summe unserer Taten.

Eine neue Geschichte

Was ändert sich, wenn wir anfangen, zu hoffen?

Vor allem eines: Wenn wir hoffen, halten wir fest, dass wir nicht fertig sind. Unsere Geschichte ist noch nicht zu Ende geschrieben. Sie ist zukunftsoffen. Unser Beziehungsnetz ist noch nicht fertig geknüpft. Neue befreiende Kontakte sind möglich. Unser Beruf legt uns nicht fest: Eine neue Berufung ist möglich.

Hoffnungsgeschichten erzählen immer wieder davon: Menschen begreifen, dass sie nicht auf ihre Vergangenheit festgelegt sind. Meine Zukunft ist nicht einfach die Verlängerung dessen, was schon war. Es kann etwas ganz anderes geschehen. Ich kann etwas ganz Neues anfangen. Aufbrechen in ein neues Land. Dazu gehört übrigens auch, Vergebung zu erfahren. Das ist vielleicht das größte Wunder einer Lebensgeschichte, wenn uns eine Schuld vergeben wird oder wenn wir anderen vergeben.

Vergebung ist ein Weg. Ein Weg innerer Heilung. Vergebung schenkt das, was eigentlich unmöglich ist: eine neue Vergangenheit. Vergebung ist Hoffnung im Rückblick. Wer es wagt, das Versprechen Gottes zu hören, erfährt genau das: Ein neuer Anfang ist möglich.

Das gilt auch für den Beruf. Mein Beruf ist nicht nur das, was ich einmal gelernt habe und worauf ich mich festgelegt habe. Wer zu hoffen beginnt, entdeckt: Meine Berufung ist das, was ich heute höre und anfange. Hoffnungsmenschen sind bereit dafür, dass der Gott der Hoffnung eine neue Geschichte mit ihnen schreibt.

Übrigens, Teil jener Gruppe junger Menschen in Magdeburg war auch Kira Geiss, die »Miss Germany 2023«. Sie hat in Magdeburg ein Stück ihrer Berufung gefunden.

Miss Germany mit Mission

Im Alter von 16 Jahren erlebt Kira Geiss eine Premiere: Zum ersten Mal in ihrem Leben besucht sie einen christlichen Jugendkreis. Alles andere als selbstverständlich für sie. Denn die Sache mit dem Glauben findet sie ziemlich befremdlich. Wenn andere Menschen die Hände falten, die Augen schließen und dann zu einem imaginären Gott sprechen, kann das schon irritieren. Was andere beten nennen, erscheint ihr ziemlich schräg. Dann aber wird sie von zwei Freundinnen eingeladen, findet immer mehr in die Gruppe hinein und dabei selbst zum Glauben. Ein Jugendreferent begleitet sie. Im Rückblick sagt sie: »Das hat mir ganz viel gegeben! So viel, dass ich jeden Freitag immer zum Jugendkreis gerannt bin, weil ich mich so darauf gefreut habe.«

Zuvor erlebt sie eine echte Krise: »Ich hatte mich kurz zuvor von meinem Freund getrennt.« Diese Beziehung beschreibt sie später als toxisch. Alkohol und Drogen waren »an der Tagesordnung«. Sie bricht aus und trennt sich damit auch weitgehend von ihren bisherigen Freunden. In dieser Zeit schließt sie die Schule ab. Sie will in jeder Hinsicht neu anfangen: »Viele Dinge liefen davor nicht gut. Ich hatte immer das Bedürfnis nach Harmonie und Nächstenliebe verspürt, doch mein Freundeskreis war häufig vom Gegenteil geprägt und hat andere Werte vertreten.« – Kira ist allein. Fühlt sich einsam. Daher ist sie auch offen, als sie von zwei Mädchen zu einer Jugendfreizeit der Kirchengemeinde Wilhelmsdorf in Baden-Württemberg eingeladen wird. Das bringt ihr auch Spott ein, zumindest Unverständnis bei den wenigen Freundinnen, die ihr noch geblieben sind. »Die haben meinen Lebensweg für ziemlich suspekt erachtet und über mich gelacht, als sie erfahren haben, dass ich nun in eine Gemeinde gehe.« Diese Infragestellung schmerzt. Aber Kira kann deren Sicht verstehen. Bis vor Kurzem hat sie ja selbst so gedacht. »Heute sehe ich es als Schatz, zu wissen, wie es ist, kein Christ zu sein, um auf Menschen eingehen zu können.«

Sie macht eine Ausbildung zur Gestalterin für visuelles Marketing. Aber die Jugendarbeit lässt sie nicht los. Bald leitet sie selbst Jugendkreise und Jungschargruppen. In ihr wächst der Wunsch, dafür eine Berufsausbildung zu machen und »in Theologie zu investieren«. Sie absolviert ein Jahr in einem Bundesfreiwilligendienst in Magdeburg und wirkt dort an der Gründung der Jugendgemeinde Eastside mit. Dabei erlebt sie, dass Kirche anders sein kann. Eher eine Art Nachbarschaftshilfe als klassische Gemeinde. Lebensnah, niederschwellig, jung und wachsend. Danach beginnt sie, an der Missionsschule in Unterweissach bei Backnang zu studieren. Jugendarbeit bleibt ihr großes Herzensanliegen: »Mein Ziel war und ist es, jungen Menschen das zu ermöglichen und zu geben, was ich erleben durfte. Denn ich sehe die Förderung von Teenagern als wichtige Komponente im Bereich der sozialen Nachhaltigkeit und einer persönlichen Entwicklung.«

Schon in Magdeburg ist das der Fokus ihrer Arbeit: junge Menschen zu erreichen, zu begleiten und zu fördern. So ist sie in Schulen und im Stadtteil unterwegs, gestaltet mit anderen zusammen Events, lädt ein, entwickelt kreative Ideen und kommuniziert sie. Irgendwann begegnet ihr das neue Konzept von Miss Germany. Wie die meisten ist sie zunächst sehr skeptisch und denkt zuerst an Idealmaße, Bikini und Laufsteg. »Solche verschrobenen Schönheitsideale sind überhaupt nicht meins.« Dann aber beschäftigt sie sich näher mit dem Wettbewerb. Das neue Konzept begeistert sie.

Frauen mit Mission sind gefragt. Aus dem einstigen Schönheitswettbewerb ist eine »Women-Empowerment-Plattform« geworden. Es geht darum, Frauen zu stärken und bei einem wertorientierten sozialen Engagement zu unterstützen. Die Idee lässt Kira nicht los. Sie bewirbt sich. Und steht schließlich mit zehn Frauen im Finale. Dort müssen die Kandidatinnen durch ihre Persönlichkeit und die Berufung überzeugen, die sie als Miss Germany leben wollen. Statt wie früher eine Krone bekommt die Siegerin dieses Mal den erstmals verliehenen »Female Leader Award« überreicht. Der Titel ist mit einer Siegprämie von 25 000 Euro verbunden. Kira tritt an, tritt auf und gewinnt. Am 4. März 2023 wird sie als eine von 15 000 Bewerberinnen zur Miss Germany 2023 gewählt.

Angesichts der großen Konkurrenz kaum zu fassen. Mitfinalistinnen sind etwa die Transfrau Saskia von Bargen aus Friedrichsfehn im niedersächsischen Ammerland, Schornsteinfegerin Vanessa Didam aus Köln, die für mehr Frauen im Handwerk wirbt, und Gamerin Sandra Friedrichs aus Hamburg, die über mentale Gesundheit bei Videospielen aufklären will. Das Spektrum der »Missionen« ist breit. Es reicht von gewaltfreier Geburtshilfe über finanzielle Unabhängigkeit von Frauen bis hin zum Kampf gegen Rassismus und Diskriminierung.

Kira gewinnt mit ihrem Herzensanliegen, junge Menschen zu fördern. Ihr Fokus gilt der »Generation Z«. Sie tritt als eine Art Anwältin der jungen Generation auf. Sie berät als Zwanzigjährige Unternehmen und gibt Tipps, wie diese junge Menschen als künftige Mitarbeiterinnen und Mitarbeiter gewinnen können. Sie wirbt dafür, soziale Medien als Werkzeuge zu gebrauchen, »anstatt ihnen zu verfallen«. Sie postet regelmäßig auf Instagram und ist in ganz Germany als »GENfluencerin« unterwegs. Dafür hat sie ihre Ausbildung an der Missionsschule für zunächst ein Jahr unterbrochen. Wie ihr Weg weitergeht, ist offen. Eines aber ist klar: Ihre Mission als Hoffnungsbotschafterin will sie weiterleben. Wie in Wilhelmsdorf, Magdeburg und Unterweissach will sie immer wieder neu aufbrechen und anfangen. Vor ihr liegt ein weites Land.[49]

Weites Land

Stell dir vor, **es geht** noch einmal neu **los**.
Nach allem, was war.
Und aus allem heraus, was ist: **Ein neuer Anfang**!

»Geh in ein Land, das ich dir zeigen will.«

»Siehst du die Sterne am Himmel?
Kannst du sie zählen?
So zahlreich werden deine Nachkommen sein.«

»Siehst du den Sand am Meer?
Kannst du ihn fassen.
So groß ist meine **Treue**.«

»Siehst du die Berge am Horizont?
Kannst du sie greifen?
So weit und viel weiter reicht meine Gnade.«

Geh und wage **neue Wege**!
Wie Abraham und Sara.

Wie Mirjam und Mose.
Wie David und Ruth.

Geh mit deinen Gefährten.
Geh mit deiner Gemeinschaft.
Geh zu den Menschen deiner Stadt:
Du bist gesandt in deine Welt.
Zu den Kindern, den Alten, den Fremden,
den Bedrückten und Bedrängten.
Wage es, ihnen zu **dienen**.

Heute fang ich neu an mit dir.
Wage es anzufangen.
Wage zu glauben.
Wage den **Anfängerglauben** –
und lebe als **Hoffnungsmensch**.

Ich will dich segnen,
und du sollst ein **Segen** sein.
Mach dich auf
in ein gutes und weites Land.

7

Damit die Welt nicht zur Wüste wird

Wie wir ein lebensfreundliches Klima schaffen

Das Beste für Babylon

Es ist eine der erfolgreichsten Serien der letzten Jahre, vielfach preisgekrönt. Sie gilt als die teuerste deutsche Fernsehproduktion: Babylon Berlin. Die Serie schlägt die Brücke von der Bundeshauptstadt zum großen Mythos. Vom Berlin Ende der 20er-Jahre des letzten Jahrhunderts zum Babylon vor über 2 500 Jahren, Symbol für einen Sündenpfuhl und das aufkommende Böse. Verrucht. Verrückt. Verlockend. Verkommen. Verloren. Babylon – die große Versuchung.

Warum ich das erzähle? – Zum einen, weil unsere Zeit, die 20er-Jahre des neuen Jahrtausends, mehr mit Babylon zu tun haben könnte, als uns bewusst ist. Zum anderen, weil uns ein wegweisendes Prophetenwort der Bibel direkt nach Babylon führt.

Babylon: Nach der Eroberung ihrer Heimat leben viele Israeliten hier im Exil. Sie haben es nicht freiwillig gewählt, sondern sind als Gefangene dorthin verschleppt worden. Jahrzehnte wohnen sie dort im heidnischen, ach so übermächtigen fremden Staat. Und genau dort hören sie, was der alte Prophet Jeremia ihnen sagt. Sie hören es als eine göttliche Weisung: »Suchet der Stadt Bestes, dahin ich euch habe wegführen lassen, und betet für sie zum Herrn; denn wenn's ihr wohlgeht, so geht's euch auch wohl« (Jeremia 29,7).

Wir haben keine Wahl

Mehr als erstaunlich. Man könnte zur Revolution rufen. Zum Aufruhr. Jedenfalls zur Abgrenzung. Aber nein: stattdessen eine ganz bemerkenswerte Gemeinwohlorientierung. Eine Ausrichtung auf das Wohl der ganzen Stadt. Der gesamten Gesellschaft. Der Blick liegt nicht auf Partikularinteressen, Lobbypolitik, sondern auf dem Sozialgefüge im Ganzen. Der Blick auf allen. Und das vor 2600 Jahren! Hoffnungsmenschen sollen sie sein, die Verschleppten. Als solche sollen sie leben. Das bedeutet Weltverantwortung bis heute.

Es ist auffällig, dass hier »suchen« steht. Nicht: »Bemüht euch! Versucht es wenigstens! Tut was! Seid anständig«, sondern suchen. Das ist zielgerichtet. Fokussiert. Das hebräische Wort heißt »darasch« und wird eigentlich verwendet, wenn es darum geht, Gott zu suchen. Es ist ein Wort des Gottesdienstes. Es beschreibt die zutiefst ernsthafte Bewegung zu Gott hin. Daher wird es auch für Wallfahrten zum Tempel verwendet. »Darasch« heißt sich auf den Weg machen, um Gott zu begegnen. In diesem Ernst sollen sich die Verschleppten der Stadt zuwenden. Mit ganzem Fokus und aller Kraft.

Das heißt: Augen auf! Nicht wegschauen. Hinschauen: Wo sind Menschen in Not? Wo gibt es Ungerechtigkeit? Wo werden Menschen für Zwecke anderer benutzt und missbraucht? Was geschieht in den sogenannten Flüchtlingsheimen, in Gefängnissen und Krankenhäusern? Wo werden Menschen ausgegrenzt, klein gemacht, ihrer Würde beraubt? Wie geht es zu in den Rotlichtvierteln der Stadt? Wo gibt es Menschenhandel? Wo werden Menschen ausgegrenzt? Wo wird ihnen ihr Recht auf Leben genommen?

In der Politik braucht es nicht nur Routine, sondern Leidenschaft. Verantwortliche sind gefragt, die wahrnehmen und denen durchs Herz geht, was sie sehen und hören. Hoffnungsmenschen, die das Recht suchen und für das Beste der Stadt eintreten. Mit vollem Engagement und ganzem Herzen.

So ein Mensch ist Dr. Denis Mukwege. Der Arzt und Friedensnobelpreisträger aus dem Kongo setzt sich wie kein Zweiter für die Belange von Mädchen und Frauen ein, die durch Gruppenvergewaltigungen gezielt misshandelt werden. Er sagt: »Wenn wir zu Christus gehören, haben wir keine Wahl. Dann müssen wir an der Seite der Schwachen sein, an der Seite der Verwundeten, der Flüchtlinge und der Frauen, die diskriminiert werden.«[50]

Als Christen haben wir keine Wahl. Viele Entscheidungen sind klar. Man lässt Menschen in Seenot nicht ertrinken. Man lässt Obdachlose auf der Flucht nicht erfrieren. Man lässt Fremde nicht draußen vor der Tür, sondern bittet sie herein. Man lässt Menschen nicht sterben, weil sie Einschränkungen oder Behinderungen haben. Punkt. Das ist ein Gebot der Menschlichkeit, ein Gebot Gottes, ein Gebot der Hoffnung.

Das bezeugt für Dr. Mukwege schon die Geschichte Gottes selbst: Er kommt in die Welt. Er wählt die Verlorenen. Er will, dass niemand verloren geht. Nicht für den Himmel verloren und nicht verloren in dieser Welt. Dafür steht Jesus Christus. Er tauscht das himmlische Jerusalem mit Babylon, um hier das Beste zu schaffen. Wir haben keine Wahl: Hoffnung verpflichtet zur Weltverantwortung.

Das Beste – weil gut nicht gut genug ist

Noch eine Beobachtung. Es steht nicht nur da: »Tut etwas Gutes«, sondern »Suchet der Stadt Bestes«. Superlativ! Gut genügt nicht. Das Beste ist gefragt. Mehr Anspruch geht nicht. Es braucht Menschen, die eine Idee vom Besten haben. Eine Vision von der besten aller Welten. Es braucht Menschen, die eine Hoffnung kennen und Hoffnung haben. Also Menschen, die ein »Seil spannen«: den einen Pflock in der Gegenwart einschlagen, im Hier und Jetzt. Und den anderen Pflock in dem, was Gott verspricht. Wer um das ewige Heil weiß, dem ist das zeitliche Wohl nicht gleichgültig.

ES BRAUCHT MENSCHEN, DIE EINE IDEE VOM BESTEN HABEN.

Und: Es geht um das Beste der Stadt, nicht um mein Bestes. Keine Klientelpolitik. Nicht Lobbypolitik. Nicht Partikularinteressenvertreter. Es geht ums Ganze. Es braucht einen Sinn für die vielen Einzelnen. Ein Gespür für Gerechtigkeit.

Und das alles, obwohl die Stadt doch gottlos ist: Babylon ist der Inbegriff des Heidentums. Die Herrscher lassen sich als Gottheit verehren. Ruchlos. Sittenlos. Aber nichts von Wutbürgertum. Nichts von Schelte gegen »die da oben«. Nichts von Populismus.

Genauso verhält sich Jesus im Römischen Reich, wo der Kaiser im Rom, dem zweiten Babylon, wie ein Gott agiert. Dennoch sagt er in einer erstaunlichen Zugewandtheit zu Staat und Ordnung: »Gebt dem Kaiser, was des Kaisers ist« (Matthäus 22,21).

Hoffnungsmenschen stehen loyal zur öffentlichen Ordnung, wenn auch nicht kritiklos. Ganz im Gegenteil: Manchmal ist Protest angesagt. Manchmal ist Widerstand geboten. Wer am Bekenntnis der Hoffnung festhält, wird einem Tyrannenstaat die Stirn bieten. Hoffnungsmenschen achten jedoch den demokratischen Rechtsstaat, der allen die Freiheit gibt, ihre Hoffnung zu leben. Sie wollen keinen Gottesstaat, sondern das Beste für alle Einzelnen.

Gustav Heinemann (1899–1976), Bundespräsident von 1969 bis 1974, hat einmal gesagt: »Die Herren dieser Welt müssen gehen. Aber unser Herr kommt.«[51] Als weltzugewandter Politiker und bekennender Christ hielt er eine Zukunftshoffnung fest, die über diese Zeit hinausweist.

»Der Herr« wird das neue Jerusalem schaffen – das ist nicht unsere Aufgabe. Wir sind für Babylon zuständig. Die goldenen Gassen zu bauen, ist Gottes Sache. Die Straßen von Augsburg, Basel und Chemnitz, von Linz, Wuppertal und Hamburg sind unser Ding. Wir haben Verantwortung dafür, dass Menschen menschenwürdig leben. Wir sind verantwortlich für das Zusammenleben aller – nicht nur für eine kleine Gruppe, für unsere Familie, für unsere Gemeinde oder für irgendeine partikulare Gemeinschaft. Es geht um die ganze Stadt, das Land, die Gesellschaft. Hoffnungssinn ist Gemeinsinn. Unsere Berufung heißt: das Beste für Babylon!

In alldem haben wir Verantwortung vor Gott und den Menschen. Hoffnungsmenschen wissen um den Herrn, der kommt, also um einen letzten Verantwortungshorizont. Ihnen ist zutiefst bewusst, dass der Staat von Voraussetzungen lebt, die er selbst nicht geschaffen hat. In diesem Bewusstsein engagieren sie sich – mit Herz, mit Verstand und in Verantwortung.

Sich selbst in die Augen sehen können

Jeremia sagt Israel, sie sollen beten für die Stadt. Und sie sollen Häuser bauen in Babylon, sollen sich vermehren, sich ganz einbringen.

Beten und Bauen, Glauben und Handeln, Wort und Tat sollen zusammenkommen. Hoffnungsmenschen setzen sich ein mit Herz und Hand. Sie stehen zu dem, was sie sagen, und tun es auch. Sie setzen nicht auf Effekthascherei. Sie bedienen nicht die Gier nach Empörung. Sie verschärfen nicht billige Polarisierung. Das gilt für alle, die öffentliche Verantwortung tragen, überall: in einem Kindergarten, in einer Firma, in einem Krankenhaus, an einer Schule, in einem Verein, in einer Partei, in einer Kirche …

Gefragt sind ehrliche und glaubwürdige, besonnene und handfeste Charaktere. Keine von PR-Beratern gestylten und formatierten Darsteller, die eine Rolle spielen und umfrageorientiert ihr Image pflegen. Es gibt eine Sehnsucht nach echten Typen. Unsere Gesellschaft braucht gerade in der Politik Hoffnungsmenschen, die sich nicht verbiegen und sich nicht anbiedern. Die auf festem Grund stehen, aber nicht starr stehen bleiben und die gerade deshalb Brücken zu Andersdenkenden bauen können. Menschen mit Hoffnung, die gelegentlich die Augen schließen und für die Stadt beten. Die sich dann selbst in die Augen schauen können. Die den Blickkontakt zu anderen suchen und ans Werk gehen: ehrlich, offen, mutig und verlässlich.

Beim Stuttgarter Kirchentag im Jahr 1999 hatte ich als junger Journalist die Gelegenheit, ein kurzes Interview mit dem damaligen Bundespräsidenten Johannes Rau zu führen. Ich habe ihn gefragt: »Wer kann denn mehr vom andern lernen: die Kirche von der Politik oder die Politik von der Kirche?«

Er dachte kurz nach und antwortete dann etwas zögernd: »Das weiß ich gar nicht so genau. Bestimmt können beide voneinander lernen …« Doch dann fügte er sehr bestimmt hinzu: »Aber wichtig scheint mir, dass beide etwas vom Sport lernen: nämlich Fairness.«

Das habe ich nicht vergessen. Wenn ich manche Debatten in Kirche und Politik verfolge und Manöver sehe, denke ich daran.

Es geht oft gar nicht um allzu hohe moralische Ansprüche, denen wir genügen müssten. Um gute gemeinsame Wege zu finden, reicht oft schon Fairness.

Der Menschheitsauftrag

Der Klimawandel ist ein Mega-Thema. Alle anderen Krisen kommen und gehen. Die Bankenkrise, die Inflation, Corona, ja selbst Kriege haben nicht dieselbe Langzeitwirkung. Natürlich ist das Polarisierungspotenzial hoch. Greta Thunberg, Fridays for Future, Tempolimit, Energiepreise, »Klimakleber« – allein die Stichworte genügen, um Gemüter in Wallung zu bringen oder dass einige gleich abwinken. Aber völlig unabhängig vom Erregungszustand Einzelner bleiben die Fragen: Wie leben wir verantwortlich? Welche Energien nutzen wir? Welche Kleidung tragen wir? Was essen wir? Wie bewegen wir uns? Was ist sinnvoll und was realistisch? – Wir werden diese Fragen nicht los.

Ich kann sie auch nicht eindeutig beantworten. Ich bin kein Naturwissenschaftler und bringe keine besondere Expertise für die vielen Sachfragen mit. Nur eines ist mir klar: Wir werden, was auch immer wir tun oder lassen, schuldig werden. Ohne Schuld geht es nicht. Keine noch so radikale Maßnahme wird uns hier Erlösung bringen. Doch damit finden wir uns nicht ab. Auch wenn wir immer schuldig werden, bleibt die Frage: Wie werden wir unserer Verantwortung am besten gerecht?

Task-Force der Hoffnung

Die Schöpfung ist uns geschenkt und aufgetragen. Den Garten zu bebauen und zu bewahren, ist die Aufgabe der Menschen. Das steht in den beiden Schöpfungserzählungen der Bibel. Mehr noch: Dem Menschen werden die Tiere anvertraut. Er soll alles benennen und für alles sorgen.

Wir Menschen haben eine Fürsorge-Pflicht für alles, was lebt. Alle Lebewesen, selbst die unbelebte Natur, sind Mitgeschöpfe. Ohne die anderen können die Einzelnen nicht leben. Auch der Mensch nicht. Wir sind in eine Schöpfungsgemeinschaft hineingestellt. Wer das Menschsein isoliert von der Schöpfung versteht, unterliegt einem Missverständnis. Die Schöpfung zu bewahren, ist ein Urauftrag an die Menschheit. Ein Menschheitsauftrag.

Wer sich dem entziehen will, indem er jede Form des Einsatzes für den Schutz des Klimas für überflüssig oder übertrieben hält oder gar für obsolet erklärt, für nicht so wichtig, weil das Eigentliche etwas anderes sei, verkennt die grundlegende Verpflichtung. Die Verantwortung für diese Welt ist ein Gebot des Schöpfers, lange bevor die Zehn Gebote gegeben werden. Es ist sein Wille. Sein Wort. Unsere Verantwortung.

Ohne Euphorie. Ohne Resignation. Aber mit Hoffnung.

Gott sah, dass es gut war. Und er sieht, dass es schlecht ist. Verantwortung für die Schöpfung ist kein Randthema, sondern ein Grundthema der Bibel und des Christentums. Der Schöpfungsauftrag verschwindet nicht, wenn der Missionsauftrag erteilt wird oder wenn der Dienst an den Nächsten befohlen wird. Er gilt auch jenseits von Eden. Ganz nüchtern. Ohne Euphorie. Wir werden den Garten Eden nicht selbst herstellen.

Aber auch ohne Resignation. Die Welt wird nicht untergehen, denn der Schöpfer erhält sie. Das ist das Versprechen unter dem

Regenbogen nach der großen Flut. Frost und Hitze, Saat und Ernte werden nicht aufhören. Dieses Versprechen steht. Das befreit.

Als Hoffnungsmenschen halten wir diese Zusage fest. Wir verfallen weder in Euphorie noch in Resignation, sondern tun mit aller Zuversicht das Menschenmögliche. Dazu haben wir die Freiheit. Was wir in welcher Weise tun, ist uns überlassen. Für das, was wir tun und lassen, sind wir jedoch verantwortlich. Dabei wissen wir: Es geht ums Überleben.

Dazu ist der Mensch als Mitarbeiter des Schöpfers vorgestellt. Der Mensch ist ein Kooperateur Gottes. Er hat eine Berufung. Sie liegt darin, alles zu tun, um diese Welt zu gestalten und zu erhalten. Zugleich muss der Mensch die Welt nicht retten. Auch das Klima nicht. Das tut der Schöpfer selbst. So lautet das Versprechen. Das setzt frei. Das macht Hoffnung. Wir müssen die Welt nicht retten, aber wir sind berufen, sie zu erhalten.

WIR MÜSSEN DIE WELT NICHT RETTEN, ABER WIR SIND BERUFEN, SIE ZU ERHALTEN.

Auf welche Weise das verantwortlich geschehen kann, muss ausgehandelt werden. Dazu braucht es Debatten ohne Scheuklappen und ideologische Festlegungen in den Bahnen rechtsstaatlicher Ordnung. Daran müssen manche Klimaaktivistinnen und -aktivisten gelegentlich erinnert werden, wenn sie Baumhäuser besetzen, Straßen blockieren oder Kunstgegenstände beschädigen. Wer gegen demokratische Prinzipien verstößt, stößt zu Recht auf Widerspruch. Wer zu sehr provoziert, schadet dem Anliegen des Klimaschutzes und erschwert es, Menschen für gute Ziele zu gewinnen.

Wesentlich scheint mir, dass wir darum ringen, wie wir als Gesellschaft für alle Generationen die Hoffnung festhalten und hoffnungsvoll leben können. Christinnen und Christen kommt dabei eine besondere Rolle zu. Klimaschutz-Aktivistin Luisa-Marie Neubauer hat 2019 auf dem Kirchentag in Dortmund dafür einen besonderen Begriff geprägt und die Kirche als »Task-Force der Hoffnung« bezeichnet. Ein Anspruch mit Ansporn.

Die Kirche ist jedenfalls eine Gemeinschaft von Hoffnungsmenschen. Als solche wird sie einige vor Machbarkeitswahn warnen und andere aus der Lethargie rufen. Sie wird nach Wegen suchen, wie verantwortlich gelebt werden kann.

Der katholische Theologe Markus Vogt sagte im November 2022:

> Christliche Hoffnung ist kein blinder Optimismus. Sie ist durchkreuzte Hoffnung, die um die Abgründe menschlicher Existenz weiß. Sie schöpft ihre Zuversicht nicht aus dem Versprechen, dass alles nicht so schlimm werde, sondern aus der Gewissheit, dass Gott gerade auch in den Abgründen unserer Existenz an unserer Seite steht.

Er markiert treffend, wie wir verantwortliche Aktivität von falschem Aktivismus unterscheiden können:

> Aktiv sein, aber zugleich wissen, dass wir nichts erzwingen können; darauf vertrauen, dass mit Gottes Segen auch aus kleinen Senfkörnern große Bäume wachsen können.[52]

Der Waldmacher

Wie können Bäume in der Wüste wachsen? – Das war die Frage von Tony Rinaudo. Der Agrarökonom aus Australien hat etwas Unglaubliches geschafft. Über sechs Millionen Hektar wurden durch seine Methode im Niger aufgeforstet. Dafür hat er keinen einzigen Baum gepflanzt. Er ist zum Waldmacher Afrikas geworden und hat 2018 den Alternativen Nobelpreis bekommen. Tony Rinaudo bringt den Landbewohnern bei, wie sie Bäume schützen, schneiden und hegen, damit sie wachsen können. Dafür hat der Wundermann nur die Situation der Menschen und die Gegebenheiten der Natur wahrgenommen: die Not durch Dürre und Verwüstung, die Bäume und wie sie sich verhalten und die Möglichkeiten, die sich ihm boten. Er hat beharrlich gearbeitet, seine Idee verfolgt und seine Hoffnung nie aufgegeben.

Diese Hoffnungsgeschichte beginnt 1981 im Niger, einem Land, das fast viermal so groß ist wie Deutschland. Im Alter von 24 Jahren reist Tony Rinaudo gemeinsam mit seiner Frau Liz und ihrem sechs Monate alten Sohn dorthin. Sie ziehen in eine Lehmhütte und bleiben zwanzig Jahre in dem Land. Tony Rinaudo hat ein Anliegen: Er will den Menschen helfen. Er pflanzt Bäume. Er wendet verschiedenste Methoden an. Doch fast alle Setzlinge gehen wieder ein. Die Verwüstung schreitet voran. Seit Jahrzehnten roden die Menschen ihre Bäume in der trügerischen Erwartung, auf diese Weise höhere Erträge zu erzielen. Die Böden veröden, werden hart. Nichts wächst mehr.

Tony Rinaudo ist am Verzweifeln: »Irgendwann kam der Punkt, wo ich, glaube ich, ziemlich deprimiert war und dachte, es ist hoffnungslos, eine riesige Zeit- und Geldverschwendung. Ich sollte lieber aufgeben und nach Hause gehen.«[53]

Doch dann macht er eine Entdeckung. Er merkt, dass die gerodeten Bäume unterirdisch noch leben. Sie existieren in einem weitverzweigten Netz aus Wurzeln unter der Erde. Man muss sie nur aufziehen. Die abgeholzten Baumstümpfe haben das Leben in sich bewahrt. Gezielt schneidet er schwache Sprosse aus. So wird das Wachstum der Pflanzen angeregt. Steine werden aufgeschichtet. Wasser gesammelt. Seine Methode macht Schule in Äthiopien, im Tschad, in Burkina Faso und in Mali, sie wird inzwischen in über 25 Ländern angewandt. Die Lebensverhältnisse der Menschen verbessern sich.

Oscarpreisträger Volker Schlöndorff hat die Geschichte verfilmt. Zum ersten Mal dreht er einen Dokumentarfilm und begleitet den Waldmacher mit seiner Kamera. Er erzählt:

> Was Tony sozusagen bewirkt, ist die Restaurierung nicht der Böden, sondern der Hoffnung. Er gibt den Leuten ihre Würde zurück. Er sagt, guckt mal, mit der und der Methode könnt ihr euch unabhängig machen von der Entwicklungshilfe. Der Bauer selbst managt seine Fortschritte.[54]

Nein, nicht jeder ist zum Waldmacher Afrikas berufen. Aber seine Geschichte macht deutlich, dass es Wege aus der Depression gibt. Wir sind der Verwüstung nicht einfach ausgeliefert. Auch dann nicht, wenn die »Wüste« darin besteht, dass die Würde des Menschen infrage gestellt wird – sei es durch Kriege oder durch subtilere Angriffe auf menschliches Leben in unserer Gesellschaft und dessen Würde.

Würde ist kein Konjunktiv

Die Würde des Menschen wird angetastet. Überall auf der Welt. Die Bilder aus dem Ukraine-Krieg, etwa aus Butscha und Mariupol, belegen das auf eine so beklemmende Art und Weise, wie es im Europa des 21. Jahrhunderts kaum mehr möglich erschien. Die Namen der Schreckensorte reihen sich hinter Namen wie Srebrenica oder Babyn Jar ein, die für Massaker und Verbrechen gegen die Menschlichkeit stehen. Die Liste ließe sich beliebig verlängern.

Gottes Ebenbild

Nach den Erfahrungen des Zweiten Weltkriegs mit seinen beispiellosen Verbrechen und der strategischen Vernichtung von Menschen in Konzentrationslagern erklärt Artikel 1 der »Allgemeinen Erklärung der Menschenrechte der Vereinten Nationen« vom 10. 12. 1948: »Alle Menschen sind frei und gleich an Würde und Rechten geboren. Sie sind mit Vernunft und Gewissen begabt und sollen einander im Geiste der Brüderlichkeit begegnen.«

Die Würde des Menschen erscheint als innerster Kern, als Herzstück aller Rechte des Menschen. In der Menschenwürde gründen alle Menschenrechte. Freiheit, Gleichheit, Brüderlichkeit, gerechte Teilhabe aller Einzelnen haben in der unveräußerlichen Würde jedes Menschen einen festen Bezugspunkt. In dieser Linie benennt Artikel 1 des Grundgesetzes der Bundesrepublik Deutschland vom 23. Mai 1949 die Menschenwürde als eine Art Fundamentalnorm des Staates: »Die Würde des Menschen ist unantastbar.«

IN DER MENSCHENWÜRDE GRÜNDEN ALLE MENSCHENRECHTE.

Die Würde des Menschen ist unveräußerlich und unverlierbar. Sie kann nicht verkauft, eingetauscht, von ihm gelöst oder verloren werden. Würde kommt dem Menschen schlicht als Mensch zu. Von Beginn seines Lebens an bis zu seinem Tod. Würde haben also nicht nur bestimmte »Würdenträger«. Sie kann auch durch ein würdeloses Verhalten oder ein entwürdigendes Gebaren nicht verloren werden. Jeder Mensch hat Würde – unabhängig von Alter, Geschlecht oder Herkunft. Es gibt auch keinen Mindestgrad an Vernunft oder Verstand, rationalem oder emotionalem Vermögen, der seine Würde erst begründen oder bedingen würde.

Würde ist keine Formulierung im Konjunktiv: »Würde er diese oder jene Bedingung erfüllen, hätte er Würde…« – nein: Würde ist ganz und gar Indikativ. Gegenwart. Zusage. Jedem Menschen ist Menschenwürde gegeben. Und zwar ganz. Sie ist nicht multiplizierbar und nicht reduzierbar. Sie ist. Jeder Mensch hat Würde. Das heißt aber auch: Die Freiheit des Menschen, seine Autonomie und Selbstbestimmung sind ihm nicht unabhängig oder losgelöst von dieser Würde zu eigen. Vielmehr gründen Freiheit und Selbstbestimmung in dem, was den Menschen im Wesen ausmacht und ihm immer zu eigen ist: in seiner Würde.

Das entspricht dem christlichen Selbstverständnis. Der Mensch hat sich sein Leben nicht selbst gegeben, sondern findet sich in einer Welt und in einem Sozialgefüge vor. Sein Leben ist Geschenk. Der Mensch ist Geschöpf. Er ist mit allem anderen, was ist, geschaffen.

Was ihn von allen anderen Lebewesen unterscheidet: Er ist Gottes Ebenbild. Der Schöpfer schafft den Menschen zu seinem Bild: »Und Gott sprach: Lasset uns Menschen machen, ein Bild, das uns gleich sei…« (1. Mose 1,26). Diese Gottebenbildlichkeit verliert der Mensch nicht. Sie ist gänzlich unabhängig von der Leistungskraft, von der Schönheit oder von der rationalen Fähigkeit des Einzelnen, ebenso hängt sie nicht an sozialem Status, Rang oder Ansehen. Würde in diesem Sinne ist mehr als die römische Tugend der dignitas, die stark auf die gesellschaftliche Stellung und darauf abzuleitende Ansprüche bezogen ist. Würde hat der Mensch an sich.

Man mag fragen: Kann Würde nicht doch verloren werden, eben dann, wenn sich ein Mensch würdelos verhält oder wenn ein Mensch entwürdigt wird?

Ja, die Würde des Menschen wird angetastet. Dieses Phänomen bezeichnen wir klassisch als Sünde. Menschen handeln würdelos und entwürdigen andere. Die Würde aller Einzelnen ist nicht als eine Art göttlicher Funken zu verstehen, der unberührt erhalten bleibt. Nein, Würde wird angetastet, infrage gestellt, geraubt: Jedes Verbrechen, jede Art von Ausgrenzung oder Mobbing belegt dies – zwar graduell unterschiedlich und doch immer grundsätzlich. Täterinnen und Täter verletzen nicht nur die Würde ihrer Opfer, sondern auch ihre eigene.

Schöpfungsglaube bedeutet aber: Würde wird jedem Einzelnen immer wieder neu zugesprochen. Der Schöpfer ist auch der Erhalter der Welt. Er lässt die Welt und die Menschen nicht los. Er hält sie am Leben. Unsere Würde gründet in Gottes Wesen. Er spricht sie uns ständig neu zu. Und sie bleibt eine große Verheißung über diese Welt hinaus. Darum hat ein ungeborenes Kind, ein Mensch mit schwersten körperlichen und geistigen Einschränkungen ebenso eine Würde wie eine schwerstpflegebedürftige Person. Sie sind und bleiben in jedem Moment ihrer Existenz Gottes Ebenbild.

Damit ist noch mehr verbunden: Freiheit, Segen und Verantwortung.

Freiheit und Verantwortung

Die Freiheit des Menschen im christlichen Sinne ist nicht absolut oder abstrakt verstanden, sondern bezogen auf seine Mitmenschen, seine Mitgeschöpfe und seinen Schöpfer. Sie sind immer schon mit ihm da. Der Mensch ist nie ohne die anderen. Individualität und Sozialität sind in gleicher Weise ursprünglich, ebenso Leib und Geist des Menschen. Der Mensch ist nicht ohne die Erde und ohne die anderen Lebewesen. Er ist auf sie angewiesen und an sie gewiesen. Mehr noch: Er ist abhängig von anderen. Von seinen Eltern, von Mitmenschen, von den Generationen vor ihm und nach ihm, von der Erde und vielen anderen Lebewesen, schlechthin von dem Gott, der für ihn sorgt.

Der biblische Herrschaftsauftrag ist Ausdruck der Verantwortung des Menschen für seine Umwelt. Nie ging es um einen Freifahrtschein zum Despotismus, zur Ausbeutung der Welt für eigene Zwecke – nein, der Mensch bekommt vielmehr Teil am ordnenden Schöpfungshandeln: Er soll den Tieren und Pflanzen Namen geben. Er soll verwalten. Er soll Leben erhalten. Seine Freiheit ist immer auf die ihn umgebenden Lebewesen bezogen.

Insofern ist seine Freiheit nie grenzenlos. Sie darf nicht zur Willkür gegenüber der Erde, den Tieren und den Mitmenschen werden. Freiheit und Verantwortung finden ihr Maß in dieser Bezogenheit auf die anderen. Beide haben aber auch einen Gottesbezug.

Freiheit und Verantwortung sind von Gott verliehen. In allem verdankt der Mensch sich seinem Schöpfer und bleibt von dessen Segen abhängig. Der Mensch kann über alles verfügen – in Freiheit und Verantwortung, auch über sich selbst. Doch diese Selbstbestimmung hat wiederum eine Grenze: Sein Leben hat er sich nicht selbst gegeben. Das Wunder des Lebens bleibt, auch was seine Weitergabe betrifft, unverfügbar. Die Generativität des Menschen, die Generationenfolge und das Ende des Lebens sind vom Segen Gottes abhängig.

Obwohl der Mensch viel gestalten kann, stößt er an den Grenzen seines Lebens auch an die Grenzen seiner Selbstbestimmung.

In der Würde des Menschen liegt die Grenze seiner Bestimmung über andere und über sich selbst. Die Würde anderer Menschen darf ebenso wenig verletzt werden wie die eigene Würde. Das hat ethische Folgen.

IN DER WÜRDE DES MENSCHEN LIEGT DIE GRENZE SEINER BESTIMMUNG ÜBER ANDERE UND ÜBER SICH SELBST.

Jeder Form der Ausgrenzung einzelner Menschen oder bestimmter Gruppen von Menschen ist grundsätzlich zu wehren. Das betrifft Ausgrenzungen und Minderbewertungen aufgrund von Herkunft, ethnischer Zugehörigkeit, Hautfarbe, Nationalität, Sprache, geschlechtlicher Orientierung, Religionszugehörigkeit, Krankheit, Behinderung, Einschränkung, Bedürftigkeit, Alter, Klasse, sozialem Status etc. Freiheit und Selbstbestimmung gehören nicht nur einem Subjekt, das sich selbst zu behaupten und durchzusetzen in der Lage ist: auch Bedürftige, Verletzte und Schwache haben ein Recht auf Selbstbestimmung und ihnen muss Teilhabe am Ganzen ermöglicht werden.

Assistierter Suizid: Fragwürdiges Urteil des Bundesverfassungsgerichtes

Besonders relevant ist die Würde des Menschen in bio- und medizinethischen Fragen. Wenn es um den ungeborenen und den sterbenden Menschen geht, ist in allen aufgeworfenen Fragen zu buchstabieren, wie die Würde der einzelnen Beteiligten, ihre Freiheit und Selbstbestimmung ins Verhältnis zu setzen sind. Der Schutz des Lebens, das eine unbedingte Würde hat, darf dabei nicht einem abstrakten Begriff der Selbstbestimmung untergeordnet werden, sonst wird der Grund aller Freiheit und Autonomie selbst angetastet.

Diese Gefahr besteht jedoch, seit das Bundesverfassungsgericht am 26. Februar 2020 den Paragrafen 217 des Strafgesetzbuches für verfassungswidrig erklärt hat. Es gab den Klagenden recht, die Artikel 2 des Grundgesetzes, das Grundrecht auf Persönlichkeitsentfaltung, beeinträchtigt sahen. Begründung: Dieses Persönlichkeitsrecht umfasse auch »ein Recht auf selbstbestimmtes Sterben«. Um dieses Recht umzusetzen, sei auch die Hilfe Dritter in Anspruch zu nehmen, wenngleich niemand zur Suizidbeihilfe gezwungen werden dürfe. Das bedeutet aber: Der Schutz des Lebens wird dem Schutz der Selbstbestimmung des Einzelnen untergeordnet. Lebensschutz tritt hinter die Autonomie zurück. Damit wird die nötige Balance beider verlassen, die bisher zu Recht das Recht bestimmt hat. Die Würde des Menschen reicht weiter als seine Autonomie. Ein abstrakter Autonomiebegriff droht nun die Tür zu öffnen für eine neue Rechtslage. Die Folge: Die Würde des Menschen wird antastbar.

Gemeinsame Kritik der Kirchen

Das hat eine breite Debatte in Gesellschaft und Kirchen ausgelöst. Zunächst haben die EKD und die Deutsche Bischofskonferenz in einer bemerkenswerten gemeinsamen Erklärung festgehalten:

> Dieses Urteil stellt einen Einschnitt in unsere auf Bejahung und Förderung des Lebens ausgerichtete Kultur dar. Wir befürchten, dass die Zulassung organisierter Angebote der Selbsttötung alte oder kranke Menschen

> auf subtile Weise unter Druck setzen kann, von derartigen Angeboten Gebrauch zu machen. Je selbstverständlicher und zugänglicher Optionen der Hilfe zur Selbsttötung nämlich werden, desto größer ist die Gefahr, dass sich Menschen in einer extrem belastenden Lebenssituation innerlich oder äußerlich unter Druck gesetzt sehen, von einer derartigen Option Gebrauch zu machen und ihrem Leben selbst ein Ende zu bereiten.[55]

Es wurde darauf aufmerksam gemacht, dass die seelsorgerliche und pflegende Begleitung aller Menschen ein diakonischer Auftrag bleibt, auch die von Menschen, die ihrem Leben ein Ende setzen (lassen) wollen. Das ist ernst zu nehmen und zu gewichten. Ebenso ist aus christlich-ethischer Sicht die Selbstbestimmung des einzelnen Menschen ein hohes Gut: Jeder kann und soll in Freiheit und Verantwortung vor Gott und den Menschen entscheiden und über sich selbst bestimmen können. Um den Raum der Selbstbestimmung aber zu erhalten, sind dessen Grenzen zu beachten.

Basis jeder Autonomie ist die schlichte Existenz. Wer nicht da ist, kann auch nicht über sich bestimmen. Die Bestimmung des Selbst über sich selbst hat ihre Grenze am Selbst selbst. Wir sind uns selbst gegeben. Das Leben ist uns geschenkt. Freiheit ist uns verliehen. Wenn sich Selbstbestimmung gegen das Leben wendet, das sie ermöglicht, erreicht sie ihre Grenze. Das Leben selbst bleibt unverfügbar. Wir haben als Ebenbilder Gottes eine unverlierbare Würde, die anzutasten uns verwehrt ist.

Bei den Beratungen im Deutschen Bundestag sollte bedacht werden: Die Selbstbestimmung droht zum Etikett subtiler Fremdbestimmungen und damit zur Illusion zu werden. Der Druck auf Schwerstkranke wird wachsen, vonseiten des Gesundheitssystems, der Pflegekassen, der Gesellschaft im Ganzen, gelegentlich wohl auch vonseiten der Angehörigen. Der Einzelne wird hinterfragt: Warum bist du noch da? Assistierter Suizid droht zu einem

Normalfall des Sterbens zu werden, zu einem Regelfall oder einem zumindest regelmäßig vorkommenden Ausnahmefall.

Eine solche Kultur kann aus christlicher Sicht nicht gefördert werden. Vielmehr gilt es, dafür einzutreten, dass Menschen palliativ bis zum Lebensende begleitet werden. Ärzte und Ärztinnen, Pflegepersonal und begleitende Seelsorgerinnen und Seelsorger dürfen nicht in eine aktive Rolle der Suizidassistenz gedrängt werden. Sie können aber sehr wohl ein selbstbestimmtes Sterben begleiten, das dem Sterbenlassen Raum gibt. Ein würdevolles Sterben gehört zu einem Leben in Würde.

Würde zu bewahren – das gilt am Ende des Lebens genauso wie mittendrin. Besonders auch gegenüber Menschen auf der Flucht und Fremden, die zu uns kommen. Nächstenliebe und Fremdenliebe sind zentrale Gebote Gottes in der Bibel. Sie drohen allzu oft in Vergessenheit zu geraten. Manchmal werden sie aber auch beispielhaft gelebt.

Hoffnungsschritte auf Wüstenwegen

Berlin in Blau-Gelb. So hat man die Hauptstadt noch nie gesehen. Blau-gelbe Flaggen wehen auf öffentlichen Gebäuden, hängen an Balkonen und Fenstern. Menschen mit blau-gelben Schals über den Schultern und mit blau-gelben Schildern in den Händen. Viele bekunden ihre Verbundenheit mit einer geschundenen Nation. Es ist Tag 15 nach Kriegsbeginn. Die sonnig-kalten Märztage 2022 sind seltsam dunkel. Ich spüre Angst in den Straßen. Entsetzen. Wut. Hilflosigkeit. Und das Bedürfnis, Verbundenheit mit denen auszudrücken, die in unserer europäischen Nachbarschaft bedroht und bekämpft, verjagt und vertrieben werden. »We stand in solidarity with Ukraine« ist an vielen Orten zu lesen. Solidaritätsbekundungen mit einem überfallenen Land.

Lebensschutz tritt hinter
die Autonomie zurück.
Damit wird die nötige

Balance beider verlassen,
die bisher zu Recht
das Recht bestimmt hat.

Kerzen auf dem Boden vor der russischen Botschaft. Ein Mann hält ein Schild hoch: »Stop Putin!«, steht darauf. Ob der Botschafter aus dem Fenster schauen und es lesen wird? Eine Frau steht schweigend daneben, zündet eine Kerze an und geht dann auf den stillen Protestanten zu. Sie sagt nur zwei Worte: »We pray.« – »Wir beten.« Sie wischt sich Tränen aus den Augen. Er nickt stumm. Dann geht sie weiter. Eine stille Begegnung »unter den Linden«. Der Wind ist eisig an diesem klaren blau-gelben Morgen in Berlin.

Am Bahnhof ein anderes Bild. Menschen gehen durcheinander, suchen Orientierung, stehen Schlange. Dicht an dicht. Viele Frauen und Kinder. Alte Menschen. Müde Gesichter. Es ist nicht das gewohnte emsige Treiben von Reisenden, die übliche Mischung von heiteren Touristen, wichtigen Geschäftsleuten, ausgelassenen Jugendlichen, bettelnden Außenseitern, alternativen Studierenden, verliebten Pärchen, ziellos Umhergehenden, provozierenden Künstlern, heiteren Flaneuren … es ist anders. Ernster. Gefüllter als sonst. Eine eigenartige Schwere liegt in den Bahnhofshallen. Hier kommen Menschen an, die nicht hierherwollten. Menschen mit allzu schwerem Gepäck. Mit großen Koffern, Tragetaschen, vollgestopften Plastiktüten. Sie schleppen sich selbst voran und das, was sie irgendwie schleppen können. Sie tragen, was kein Mensch tragen kann, auch das Unerträgliche. Sie stranden hier. Sie werden hierhergespült von Kriegswellen, die sie überrollt haben. Die Reise nach Berlin ist nichts als ein Ausweg, weil es dort, wo sie herkommen, nicht mehr zum Aushalten war. Ich bin hier, um nach Hause zu fahren – sie aber sind hier, weil sie kein Zuhause mehr haben.

An den Treppen der Bahnsteige, an denen die Fernzüge aus dem Osten ankommen, stehen Schilder: »Herzlich willkommen!« Darunter das Logo der Berliner Stadtmission. Weitere Hinweise sind in verschiedenen Sprachen zu lesen. Wege zum WC, zu erster Erfrischung, zu ärztlicher Betreuung, zu einer ersten Registrierung, zur Vermittlung einer Unterkunft, einer Weiterreise, einer Mahlzeit… wie wertvoll, dass es neben aller Unmenschlichkeit und Barbarei, die sie erfahren, auch noch Menschlichkeit gibt.

EINE EIGENARTIGE SCHWERE LIEGT IN DEN BAHNHOFSHALLEN.

Ich bin dankbar, dass dort, wo die Not so offenkundig ist, auch Christen sind. Sie sind da, um zu helfen. Sie heißen die Ankommenden willkommen. Sie begleiten sie ein Stück ihres Weges. Wenigstens ein paar Schritte. Es sind Hoffnungsschritte auf Wüstenwegen.

Das Rad der Geschichte dreht sich weiter. Wer weiß, wohin… Was aber bleibt, ist gestern, heute und morgen gewiss: Die Wüstenwege in dieser Welt sind Gott nicht verborgen. Was den lebendigen Gott von allen anderen Göttern und Götzen, von Weltanschauungen und Weltbildern unterscheidet, ist dies: Er sieht. Er sieht Einzelne. Nicht nur das Weltgeschehen, nicht nur eine Masse oder Menge, nicht nur das Gewirr und Gewusel von tausend Wegen auf den Bahnhöfen dieser Welt und von tausend Leben. Er sieht mich. Er sieht nicht weg, wenn es unansehnlich wird. Er hält aus. Mit mir und mit dieser Welt. Die Hoffnung darauf gibt Kraft. Auch an diesem blau-gelben Morgen in Berlin.

8

Zuhause im Himmel

Wie wir über diese Welt hinaus hoffen

Von Anfang bis zum Ende ist unser Leben gefährdet. Noch bevor wir das Licht der Welt erblicken, ist unser Leben bedroht. Wir wissen jederzeit, dass unsere Zeit begrenzt ist. Zugleich haben wir eine Ahnung, dass es mehr geben könnte als das Gestern, Heute und Morgen. Uns ist die Ewigkeit ins Herz gelegt und damit ein Sinn für das Unendliche. Wir hängen am Leben und hoffen zugleich darüber hinaus. Bangen und Hoffen begleiten uns. Und damit die Frage, wie wir in dieser Welt im weiten Horizont des Himmels leben.

Bangen um unser Baby

Es war eines der größten Wunder, die ich jemals erlebt habe. Nie zuvor und niemals danach lagen Hoffen und Bangen so nah beieinander wie in diesen Minuten. Es geschah an einem Tag, an dem Glück und Panik einander die Hand reichten. Es war der Tag, als unsere Kinder geboren wurden. Ja, beide an einem Tag. Zwillinge.

Baby überall

Als sie auf die Welt kamen, machten sie aus uns als Ehepaar eine Familie. Aus zwei wurden vier. Wie haben wir uns auf diesen Tag gefreut! Neun Monate gespannte Erwartung. Zeit, sich einzustellen auf die größte Veränderung aller Zeiten – zumindest aller Zeiten unseres gemeinsamen Lebens. Es waren gefüllte Wochen und Monate. Werdende Eltern kennen das: Ultraschallbilder, Arztbesuche, die ersten Strampelanzüge, eine Wiege – für Zwillinge gar nicht so leicht zu finden –, die erste Windelausstattung, die Badewanne, Baby-Betten, Baby-Bücher, Baby-Bilder, Baby überall … und die ersten Stofftiere für die beiden. Alles war bereit, als der große Tag kam.

Dann die Fahrt zum Krankenhaus. Das Warten. Der Kreißsaal. Die Wehen. Die Geburt. So vieles wäre hier zu schreiben – es lässt sich nicht in Worte fassen. Wer schon einmal eine Geburt miterlebt hat, wird zustimmen. Jeder und jede hat da eine ganz eigene Geschichte. Über jedes Kind dieser Erde gibt es eine solche Hoffnungsgeschichte zu erzählen. Wir begegnen dem Wunderbaren schlechthin, dem Wunder des Lebens. Wir werden Zeuge, wie der Schöpfer Geschichte schreibt, unsere Lebensgeschichten. Vielleicht der tiefste Grund, warum die Hoffnung nicht aus der Welt zu kriegen ist!

ÜBER JEDES KIND DIESER ERDE GIBT ES EINE HOFFNUNGSGESCHICHTE ZU ERZÄHLEN.

So überwältigend haben wir das als Eltern auch erlebt. Wenn es Tage in unserem Leben gab, über die wir das ungeteilt sagen konnten, dann gehörte dieser gewiss dazu: Es war ein Tag voller Glück – bis der Schrecken kam.

Das kann nicht sein

Unsere Kinder waren erst wenige Minuten alt. Die ersten Untersuchungen wurden durchgeführt. Nach vielleicht einer halben Stunde wurde zum zweiten Mal der Blutzuckerspiegel gemessen. Bei unserer Tochter war alles in Ordnung, obwohl sie die kleinere und leichtere war. Bei unserem Sohn war der Wert abgesackt auf 9 mg/dl.

»Das kann nicht sein«, meinte die Krankenschwester. Bereits bei unter 35 mg/dl spricht man bei Neugeborenen von Unterzucker, 9 mg/dl ist jenseits aller Normen. »Das Gerät muss kaputt sein«, sagte sie achselzuckend und verschwand im Nebenzimmer. Kurz darauf kam sie mit einem anderen Messgerät zurück. Das Ergebnis der zweiten Messung ließ sie erbleichen: 4 mg/dl. Der Wert war in höchstem Maße lebensbedrohlich.

Die Krankenschwester löste sofort Alarm aus. Eine Ärztin sprang herbei. Hastig zog sie eine Spritze auf. Eine zweite Schwester wirbelte meinem Eindruck nach völlig ziellos im Hintergrund hin und her. Die erste Krankenschwester war dabei, unserem Sohn Glucose in den Mund zu träufeln. Das würde helfen, aber nicht ausreichen, der Zucker musste direkt ins Blut. So schnell wie möglich. Es ging um Sekunden.

Die Ärztin setzte eine Spritze an und versuchte, in die winzige Hand des neugeborenen Jungen zu spritzen – aber sie verfehlte die Vene. Sofort zog sie eine zweite Spritze auf. Diesmal setzte sie am Kopf an. Irgendwo zwischen Stirn und Schläfe musste ein Blutgefäß sein, das sie mit der Nadelspitze zu treffen suchte, aber nicht fand.

Ich sah, wie die Nadelspitze zitterte. Der Ärztin standen Tränen in den Augen. Ihr Gesicht war glühend rot. Sie kämpfte gegen ihre eigene Panik an, biss sich auf die Lippen und stach die Nadel in die zarte Haut des Buben. Sie drückte die Spritze hinein, und ich sah, wie sich eine Beule an der Stirn des Jungen wölbte. Sie hatte die Ader wieder nicht getroffen.

Mitten in diesen panischen Versuchen, das Leben des Säuglings zu retten, der noch keine Stunde alt war, stand ich völlig hilflos da. Neben all dem, was geschah. Neben mir selbst. Eigentlich sollte das nicht so sein. Angehörige sollten in so einer Situation nicht dabei sein. Im besten Fall stehen sie hilflos im Weg herum, im schlimmsten können sie durch ihre unberechenbaren Reaktionen die Hilfsmaßnahmen behindern. Aber man hatte vergessen, mich hinauszuschicken.

Hoffen und bangen

Ich stand einfach nur da und konnte nicht fassen, was ich miterlebte. Seit ein paar Minuten war ich Vater. Wollte uns Gott den kleinen Jungen, den er uns eben geschenkt hatte, gleich wieder nehmen? War das Glück des Lebens nur eine Seifenblase? Das durfte nicht wahr sein! Meine Frau wurde ein paar Stockwerke tiefer noch ärztlich versorgt, unser Mädchen lag friedlich auf der gleichen Station nebenan. Ich fühlte mich hin und her gerissen zwischen den Menschen, die ich liebte. Wie betäubt stand ich da, sah und hörte alles wie in Zeitlupe.

Wie lange dieses Ringen um das Leben unseres Jungen ging, kann ich im Nachhinein nicht sagen. Es waren bestimmt nur wenige Minuten, aber sie kommen mir im Rückblick wie eine Ewigkeit vor. Ich stand einfach nur da. Ich konnte nichts denken, sagen oder fühlen. Ich spürte nur, wie zerbrechlich unser Leben war, wie unser gerade geschenktes Glück von Rissen durchzogen wurde und zu zerbersten drohte. Niemals zuvor hatte ich mich so ohnmächtig gefühlt wie in diesen Momenten. Ich betete. Die Seele schrie von selbst. Worte zu fassen, Sätze zu formulieren – dazu war ich nicht in der Lage. Wenn's drauf ankommt, geht Beten auch ohne sie. Schrecken und Angst finden ihre eigene Sprache, ohne dass ein Laut über die Lippen kommt.

Die dritte Spritze saß. Glucose strömte in die Blutbahn des kleinen Kerls, der wieder zu leben begann. Durchatmen. Es dauerte eine Weile, bis ich begann, die Erleichterung zu spüren.

Wenn wir unsere Kinder heute sehen, sind wir einfach nur dankbar. Ihre Hoffnungsgeschichten gehen weiter.

Das ist nur eine Geschichte unter unzähligen anderen, die auf diesem Planeten erlebt werden. Manchmal erleben wir Wunder. Manchmal nicht. Oft bleiben sie aus, allzu oft. Dann sehnen wir uns danach, hoffen darauf, aber letztlich vergeblich. Kein Wunder, keine Wende der Not, es bleibt nur das Wandern im dunklen Tal. Das Bangen begleitet uns. Aber wir hören nicht auf, zu hoffen.

Tears in Heaven

Tränen gehören zum Leben. Körper und Seele drücken aus, dass sie sich mit dem, was sie erfahren, nicht einfach abfinden. Es berührt. Es bewegt. Es macht etwas mit uns. Wir leben unser Leben nicht aus einer Beobachterperspektive. Wir stecken mittendrin. In Freude und Leid. In dem ganzen Wahnsinn dieser Welt und in all dem Wunderbaren. Wir hoffen und bangen. Und weinen.

Alles neu

Es gibt Tränen der Freude und des Glücks. Tränen der Ohnmacht. Der Ungeduld. Der Hilflosigkeit. Tränen aus Wut. Tränen der Schmerzen. Der Trauer und der Verzweiflung. Und es gibt ein Leiden, das keine Tränen mehr kennt, weil sie längst ausgeweint sind. Nur noch Leere. Wüste in der Seele.

Ein altes Lied singt davon: »Die mit Tränen säen, werden mit Freuden ernten.« Es ist ein Wallfahrtslied. Gesungen auf dem Weg. Als sich die Menschen aufmachten von ihren kargen Feldern und zum Tempel zogen. Den Berg hinauf. So ist es überliefert in Psalm 126,5 der Bibel. 2 500 Jahre lang wird es schon gesungen. Es erklang in Babylon, in der Fremde, wo sich unter die Mühsal der Gefangenen das Heimweh mischte. Es erklang in den Katakomben in Rom, gesungen von Juden und Christen, die verfolgt wurden. Es erklang auf den Baumwollfeldern der Sklaven in Amerika. Wohl auch in den Gefängnissen der Gestapo und in den Konzentrationslagern der Nazis, wo Juden geschunden wurden. Das Leiden hat einen Raum in den Liedern der Glaubenden. Lieder wie dieses halten in allem Leid die Hoffnung wach: »Sie werden mit Freuden ernten.«

Diese Hoffnung weist über das Heute hinaus. Hoffnung gibt sich auch nicht mit dem Morgen zufrieden. Damit, dass alles besser werden könnte oder dass wir etwas besser machen können. Hoffnung ist darauf ausgerichtet, dass am Ende alles gut wird, weil einer alles gut macht. Das glauben wir von Jesus Christus, dem Hoffnungsmenschen schlechthin. Der Gott der Hoffnung wird die Welt vollenden. Er macht alles neu. Die ultimative Innovation steht noch aus.

Das letzte Buch der Bibel wagt diesen Blick (Offenbarung 21, 1-5; NLB):

> Dann sah ich einen neuen Himmel und eine neue Erde, denn der alte Himmel und die alte Erde waren verschwunden. Und auch das Meer war nicht mehr da. Und ich sah die heilige Stadt, das neue Jerusalem, von Gott aus dem Himmel herabkommen wie eine schöne Braut, die sich für ihren Bräutigam geschmückt hat.
> Ich hörte eine laute Stimme vom Thron her rufen: »Siehe, die Wohnung Gottes ist nun bei den Menschen! Er wird bei ihnen wohnen und sie werden sein Volk sein und Gott selbst wird bei ihnen sein. Er wird alle ihre Tränen abwischen, und es wird keinen Tod und keine Trauer und kein Weinen und keinen Schmerz mehr geben. Denn die erste Welt mit ihrem ganzen Unheil ist für immer vergangen.«
> Und der, der auf dem Thron saß, sagte: »Ja, ich mache alles neu!«

Es klingt wie aus einem Fantasy-Roman. Eine Szene aus dem Himmel. Eine Vision. Der Schreiber Johannes lässt uns die kommende Welt sehen. Buchstäblich unwirklich: ein neuer Himmel und eine neue Erde. Unvorstellbar. Allzu wunderbar. Eben nicht von dieser Welt. Dieser Himmel ist uns zu hoch.

Zugleich gestehe ich, dass ich mein inneres Auge gern dem Fingerzeig des Johannes folgen lasse. Ich wage gerne einen Blick in das neue Jerusalem, die heilige Stadt mit ihren goldenen Gassen, mit ihren zwölf Perlentoren und ihren Mauern aus Edelsteinen. Es hält meinen Sinn wach dafür, dass es noch eine andere Welt gibt. Jenseits von allem.

Ein Stück Erde im Himmel

Aber eines ist bemerkenswert. Es gibt in dieser himmlischen Szene etwas zutiefst Irdisches. Etwas bringen wir Menschen offensichtlich mit in den Himmel. Es sind unsere Tränen!

Alles andere lassen wir zurück. Nichts sonst nehmen wir mit.
Unser Geld nicht. Das ist verloren.
Unsere Gesundheit nicht. Die ist vergangen.
Unsere Titel nicht. Die sind vergessen.
Unsere Sorgen nicht. Die sind vorbei.
Unsere Schuld nicht. Die ist vergeben.
Unsere Schmerzen nicht. Die sind verklungen.
Unser Geschrei nicht. Das ist auch verklungen.
Alles wird nicht mehr sein, selbst Tod und Sterben nicht.
Nur eines bleibt von dieser Welt im Himmel: unsere Tränen.

Durch die Jahrhunderte hat diese Perspektive Menschen getröstet: Wenn die Tränen sogar im Himmel noch einen Platz haben, welche Würde gibt Gott dann unserem Leiden hier auf dieser Welt! Er weiß um unsere Tränen.

Tränen sind kein Tabu. Tränen sind keine Schande. Was haben wir schon kaputt gemacht in den Seelen junger Menschen, wenn wir unsinnig daherpolterten: »Jungen weinen nicht!« – »Es gibt keinen Grund zu weinen!« Nein, Tränen sind nicht verboten. Im Gegenteil: Tränen sind Schleusen der Seele. Tränen befreien. Tränen entlasten. Tränen verbinden Menschen miteinander. Ehrliche Tränen machen das falsche Lächeln überflüssig. Tränen sind menschlich, weiblich und männlich. Es ist ein Ausdruck von Stärke, wenn ein Mensch schwach sein kann.

Der Münchner Dichter Eugen Roth (1895–1976) hat recht, wenn er schreibt:

An erster Stelle zu erwähnen
als Wunderbalsam sind die Tränen.
Sie lösen, sparsam selbst geweint,
das eigne Herz, schon ganz versteint.[56]

Operation Heimkehr

Aber beim Weinen bleibt es nicht. Dafür steht der Ostermorgen. Es ist die größte Hoffnungsgeschichte aller Zeiten: Der am Kreuz gestorben und begraben worden ist, steht auf zu neuem Leben. Dieses Osterlicht ist nicht mehr aus der Welt zu kriegen – Regenbogen in unseren Tränen, weil Gottes Licht sich darin bricht.

Ist das nun vielleicht doch alles zu wundersam und vage? Vielleicht. Oder doch nicht?

Der japanische Schriftsteller Masanori Nakamura hat einen Roman mit dem Titel »Operation Heimkehr« veröffentlicht, in dem er den Fall der Berliner Mauer beschreibt:

> Im Schatten der Brandenburger Arkaden, die mehr als jedes andere Bauwerk die Sehnsucht der Deutschen nach ihrer nationalen Einheit verkörpern, kommt es zu erschütternden Szenen. Wildfremde Menschen fallen sich schluchzend in die Arme. Älteren Leuten, die an einen Eintritt dieses Ereignisses zu ihren Lebzeiten nicht mehr geglaubt haben, rinnen die Tränen über die Wangen. Junge Menschen schlängeln sich vor Freude tanzend in langen Girlanden durch die Menge.[57]

Genau so war es! So haben wir es in Erinnerung. So haben wir es immer wieder im Fernsehen gesehen, jedes Jahr beim Jahrestag des Mauerfalls: Menschen lagen sich in den Armen. Männer und Frauen weinten. Tränen, derer sich niemand geschämt hat. Das große Wunder war geschehen – kein Mensch hatte mehr daran geglaubt. Kaum einer, der das noch zu hoffen gewagt hatte. Zu sehr hatten wir uns gewöhnt an die Ungerechtigkeiten, an die Unterdrückung, an die Untaten der Unmenschen in Diensten der Stasi. Die Teilung Deutschlands mitten durch Häuser und Familien. Wenn das Leid zur Gewohnheit wird, hat's die Hoffnung schwer. Und was dann

1989 geschehen ist, das gehört wirklich zu den größten Wundern der Geschichte.

WER VON OSTERN HER LEBT, GEHT AUF DEN HIMMEL ZU.

Nakamura hat dieses Ereignis hervorragend beschrieben. Aber jetzt kommt der Clou: Er hat sein Buch zehn Jahre vor der Wende geschrieben. 1979. Er war ein Visionär, der das Wunder im Voraus erzählt und den Glauben daran wachgehalten hat. Er hat die Zeit für die Zukunft aufgesprengt. Für Veränderung. Für Hoffnung.

»Operation Heimkehr«: Das ist das Hoffnungsprogramm des Glaubens. So beschreiben biblische Bücher den Ort, wo wir zu Hause sind. Jesus selbst sagt, er bereite eine Wohnung für uns vor. Unsere Heimat ist im Himmel. Christliche Hoffnung hält den weitesten aller Horizonte offen. Hoffnungsmenschen reden darum nicht mehr vom Weltuntergang, sondern vom Weltaufgang. Wer von Ostern her lebt, geht auf den Himmel zu.

Das Beste kommt noch. Gott wischt unsere Tränen ab. Das behält er sich vor. Die himmlischen Posaunen lässt er seine Engel blasen. Die himmlischen Lieder lässt er himmlische Chöre singen. Aber die Tränen seiner Kinder wischt der Vater selbst ab. Darin liegt ein tiefer Trost.

Vielleicht habt ihr beim Lesen eines der bekanntesten Lieder des englischen Bluesgitarristen Eric Clapton im Ohr. Einer der erfolgreichsten und am meisten gespielten Songs aller Zeiten: »Tears in Heaven« – »Tränen im Himmel«. Geschrieben nach einer persönlichen Tragödie.

Christliche Hoffnung hält
den weitesten aller
Horizonte offen.

Hoffnungsmenschen reden
nicht vom Weltuntergang,
sondern vom Weltaufgang.

Frühjahr 1991. Eric Claptons kleiner Sohn Conor ist viereinhalb Jahre alt. Er spielt im 53. Stock eines New Yorker Hochhauses, direkt am offenen Fenster. Für einen kurzen Moment passt das Kindermädchen nicht auf, der Junge stürzt in die Tiefe. Er ist sofort tot. Der Vater Eric Clapton verarbeitet seine Trauer in dem Lied »Tears in Heaven«[58]. Darin singt er:

> Beyond the door there's peace I'm sure.
> And I know there'll be no more tears in heaven.
> Hinter der Tür dort ist Frieden, da bin ich sicher.
> Und ich weiß, im Himmel wird es keine Tränen mehr geben.

Eric Clapton hat recht. Wenn Gott alle Tränen abgewischt hat, wird es auch im Himmel keine Tränen mehr geben.

Dein Zuhause

»Als es aber schon Morgen war, stand Jesus am Ufer« (Johannes 21,4).

Wie viele Wege wir gehen
Wie viele Worte wir sagen
Wie viele Bilder wir sehen
Wie viele Lasten wir tragen

Einmal sind wir am Ziel
Einmal kommen wir an
Die Nacht ist vorbei
Und der Morgen bricht an

Dann steht Jesus vor uns und sagt:
»Mein Kind, komm zu mir.
Ich warte auf dich.
Dein Zuhause ist hier.«

Wie viel Sorge uns drückt
Wie viele Menschen wir lieben
Wie viel im Leben geglückt
Wie viel wir schuldig geblieben

Einmal lassen wir los
Einmal brechen wir auf
Die Welt bleibt zurück
Und der Himmel geht auf

Dann steht Jesus vor uns und sagt:
»Mein Kind, komm zu mir.
Ich warte auf dich.
Dein Zuhause ist hier.«

Wie viel Sehnsucht uns hält
Wie viele Pläne wir schmieden
Wie viel an Träumen zerfällt
Wie viel Zeit uns beschieden

Einmal staunen wir nur
Einmal so wie ein Kind
Der Tod ist die Tür
Und das Leben beginnt

Dann steht Jesus vor uns und sagt:
»Mein Kind, komm zu mir.
Ich warte auf dich.
Dein Zuhause ist hier.«[59]

Immerdar

Es gibt Momente, da kommen sich Himmel und Erde ganz nah. Sie berühren sich für einen Augenblick. Danach ist alles wie zuvor, aber du weißt: Wir leben in einem viel weiteren Horizont, als uns bewusst ist, meistens zumindest.

Einen solchen Moment habe ich im Juli des Jahres 2000 erlebt. Es geschah sehr unscheinbar, ganz leise, flüsternd, und doch war es so, als würde für einen kurzen Augenblick eine Tür zu einer anderen Welt aufgehen.

Ich war damals noch Student. Student im Endstadium, also kurz vor dem Examen. Das heißt: Lernen mit Hochdruck. Ich las Bücher, durchfräste sie und fraß sie förmlich auf. Ich diskutierte mit Kommilitonen, gelegentlich auch mit Professoren über die großen Dinge, die die Welt zusammenhalten. Ich versuchte, die Erträge meines Theologiestudiums für mich zu bündeln, zu ordnen und zu sichern. Die Spannung stieg. Die großen Prüfungen standen bevor. Das große Finale von sechs Jahren Studium. Also lernte ich und lernte und bewegte – wie ich fand – sehr bedeutsame Gedanken. Überall. Am Schreibtisch. In der Bibliothek. Beim Spazierengehen. Auf der Parkbank. Im Bett. Und natürlich im Zug.

So auch an diesem Nachmittag. Ich fuhr mit der Bahn von Tübingen nach Stuttgart. Im Rucksack Bücher und Lernkarten. Im Stadtteil Zuffenhausen wollte ich meine Großtante besuchen, die dort seit wenigen Jahren im Pflegeheim lebte. Was ich an diesem Tag nicht wusste: Es sollte mein letzter Besuch bei ihr werden.

Meine Großtante war für mich mehr als eine alte Tante. Sie war wie eine Oma. Wie eine Großmutter, die mich in ihrem Herzen trug. Das wusste ich. Sie beschenkte mich nicht nur am Geburtstag und zu Weihnachten. In ihrem Wohnzimmer hatte sie ein Bild von mir aufgestellt. Sie dachte an mich. Sie sorgte sich um mich. Sie betete für mich. Und – das wird mir mehr und mehr klar, wenn ich jetzt zurückdenke und diese Geschichte aufschreibe – sie liebte mich. Wie wertvoll, so einen Menschen zu haben! Sie war alt. Sehr alt. 101 Jahre alt. Ihr 102. Geburtstag war nur noch wenige Wochen entfernt. Was für ein Leben! Auf ihrem Grabstein sollten später die Jahreszahlen 1898 und 2000 stehen. Ein ganzes Jahrhundert ist von ihren Lebensdaten umschlossen. Allein, was sie erlebt und bewegt hat, würde Bücher füllen. Ich will nur einen ihrer letzten Momente mit euch teilen.

**ICH STAND DA, SAH SIE AN UND AHNTE,
DASS DIES EIN ABSCHIED SEIN KÖNNTE.**

Sie lag in ihrem Bett. Sehr schwach. Viel schwächer als bei meinem letzten Besuch. Die Konturen ihres Körpers hoben sich kaum noch unter der Bettdecke ab. Ihr Gesicht weiß, leicht gräulich, blass. Ihre Hand knorrig und kalt. Ihre Haut dünn, fast durchsichtig. Ihre Nase spitz. Ihr Atem schwach. Ihre Augen geschlossen. Sie aß nicht mehr. Sie trank kaum noch. Es war nicht mehr weit bis zum Ziel ihres Lebens. Ich stand da, sah sie an und ahnte, dass dies ein Abschied sein könnte.

Das Zimmer war wohnlich eingerichtet. Ein runder Tisch mit Tischdecke. Ein Sofa aus ihrer früheren Wohnung. Ein wuchtiges Ölgemälde in einem dicken alten Rahmen darüber. Eine Gebirgslandschaft. Vielleicht etwas kitschig, aber gemütlich, eben etwas aus ihrer alten Wohnstube, in der sie Jahrzehnte gelebt hatte. Eine alte Schrankuhr tickte auf der Kommode. Ich zog einen Stuhl vom Tisch ans Pflegebett.

In dieser Ecke des Zimmers war es kühler, steriler, krankenhausartiger. Ein Nachttisch mit Salben, Medikamenten, Pflegeprodukten. Das Wohnzimmer war eben zugleich ein Pflegezimmer. Und jetzt – das wusste ich – ein Sterbezimmer.

Dort setzte ich mich. Und hielt ihre Hand. Geredet haben wir nicht. Das heißt: sie nicht. Ich schon. Lange saß ich einfach da. Mal habe ich etwas erzählt. So wie immer. Vom Studium. Von den Büchern, die ich gerade las. Von den Prüfungen, die bevorstanden. Von Freunden und von der Familie. Dann habe ich wieder geschwiegen. Ein Lied gesungen. Gebetet. Was sagt man zum Abschied, wenn er endgültig sein könnte? Welche Worte wählst du? Was ist jetzt noch von Belang? – Ich wusste nicht, ob sie überhaupt etwas hörte und verstand, denn ich nahm keine Reaktion wahr.

Der Herr ist mein Hirte

Bevor ich aufbrach, betete ich Psalm 23. Den vielleicht bekanntesten aller Psalmen. Vertraute Worte. Tausendmal gelesen, gesprochen, gebetet. Worte, die dich tragen, halten, bewahren. Worte, die älter, weiter und tiefer sind als wir selbst. Sie überdauern die Zeit. Sie sind wie ein Boot im Fluss der Jahrhunderte. Du legst dich hinein und wirst getragen. Bis zum Ziel deiner Zeit.

Der Herr ist mein Hirte.
Mir wird nichts mangeln.
Er weidet mich auf einer grünen Aue
und führet mich zum frischen Wasser …

Ich sprach langsam und laut, in der Hoffnung, dass irgendetwas davon zu ihr durchdringen würde. Dass sie verstand. Dass sie wenigstens etwas wahrnahm und aufnahm.

Er erquicket meine Seele.
Er führet mich auf rechter Straße
um seines Namens willen.
Und ob ich schon wanderte im finstern Tal,
fürchte ich kein Unglück, …

Jetzt wechselt der Psalm ins Du. Zweite Person. Das Gedicht wird zum Gebet. Der gute Hirte wird angesprochen.

… denn du bist bei mir.
Dein Stecken und Stab trösten mich.

Dass etwas von diesem Trost ankam, wünschte ich ihr. Ich hätte damals eine fünfstündige Klausur über diesen Psalm schreiben können. Eine ausführliche Exegese, literarische und historische Zusammenhänge erörtern, Wortverbindungen erläutern. Jetzt las ich ihn nur. Jetzt ging es nur darum, dass Worte wirken. Und unser Herz erreichen.

Du bereitest vor mir einen Tisch
im Angesicht meiner Feinde.
Du salbest mein Haupt mit Öl
und schenkest mir voll ein.

Durch Jahrtausende hindurch haben Menschen mit diesen Worten gelebt. Viele sind mit ihnen gestorben. Was für ein Bild: Auch wenn unser Leib vertrocknet – der gute Hirte schenkt voll ein. – Ich sprach die letzten Verse:

Gutes und Barmherzigkeit
werden mir folgen mein Leben lang
und ich werde bleiben im Hause des Herrn …

Dann geschah das Unerwartete. In meine kleine Sprechpause hinein sprach sie. Den ganzen Nachmittag über hatte sie nichts gesagt, nicht reagiert, keinen Laut von sich gegeben. Aber jetzt am Ende dieses Psalms sagte sie das letzte Wort selbst. Leise, aber vernehmbar:

… immerdar.

Es war das letzte Wort, das ich von ihr gehört habe.

Sie hatte den Psalm gehört, gespürt, wahrgenommen. Für mich überwältigend. Ich habe sie in die Hand des guten Hirten hinein losgelassen. Wenig später ist sie verstorben.

Das heißt für mich Hoffen: Leben und Sterben an der Hand des guten Hirten. Ganz geerdet leben, auch durch dunkle Täler gehen. Aber getragen sein. Und aller Vergänglichkeit zum Trotz gewiss sein: Ich werde bleiben im Haus Gottes. Immerdar.

Ich kann nicht beweisen, dass es dieses Haus Gottes gibt. Mit aller hohen Theologie nicht. Ich behaupte es auch nicht steil und lautstark, weil es in der Bibel steht oder weil es eben zum christlichen Glauben dazugehört. Ich vertraue schlicht darauf. Ich lasse diese Worte von Psalm 23 stehen. Trotz aller Anfragen, die man haben kann, und trotz aller Zweifel, die auch mich selbst immer wieder überkommen. Ich halte diese Worte fest.

In diesem Vertrauen will ich leben. Mit Hoffnung. Und genauso will ich sterben: als ein Hoffnungsmensch, der durch seine Zeit wandert und in der Ewigkeit ankommt. Denn dort ist mein Zuhause.

Der gute Hirte behüte dich

Ich wünsche dir,
dass dich dein Wüstenweg und jeder Steg
zum frischen Wasser führt.

Ich wünsche dir,
dass auch im finstern Tal ein Sonnenstrahl
noch dein Gesicht berührt.

Ich wünsche dir,
dass auch aus dunkler Nacht dich sanft und sacht
ein heller Morgen weckt.

Ich wünsche dir,
dass auch im fremden Land des Freundes Hand
noch treu den Tisch dir deckt.

Ich wünsche dir,
dass auch in großer Not das Lebensbrot
noch deinen Hunger stillt.

Ich wünsche dir,
dass dir ein Lied erklingt, die Seele singt
und dich das Glück erfüllt.

Der gute Hirte behüte dich
er weide dich auf einer grünen Au.
Sein guter Segen begleite dich.
Er führe dich nach Haus.[60]

Anmerkungen

1 Deine Hand, Text & Musik: Balbina Jagielska, Nellie Christina Andersson & Herbert Grönemeyer © 2022 Polarbear Musikverlag, Berlin / Universal Music Publishing, Berlin / SMV Schacht Musikverlage, Hamburg.

2 A. a. O.

3 Vodafone Stiftung Deutschland: 86 Prozent der jungen Menschen in Deutschland machen sich Sorgen um ihre Zukunft, 05.04.2022. https://www.vodafone-stiftung.de/jugendstudie-2022/ (letzter Abruf 07.06.2023).

4 Institut für Demoskopie Allensbach (IfD) im Auftrag des Gesamtverbands der Deutschen Versicherungswirtschaft (GDV): Generation Mitte, Dezember 2021). https://de.statista.com/statistik/daten/studie/1294001/umfrage/umfrage-unter-30-bis-59-jaehrigen-zu-aspekten-die-hoffnung-machen/ (letzter Abruf 07.06.2023).

5 Vgl. ELK-WUE: Wir finden uns mit Prostitution nicht ab, zitiert nach Bundeskriminalamt: »Bundeslagebild Menschenhandel 2016«, 08.03.2018. https://www.elk-wue.de/news/08032018-wir-finden-uns-mit-prostitution-nicht-ab?tx_elkwuepages_pressreleases%5Baction%5D=showNewsByDate&tx_elkwuepages_pressreleases%5Bcontroller%5D=News&tx_elkwuepages_pressreleases%5Bpage%5D=2&cHash=b14537927fb203774988f57eb6d8ffd6 (letzter Abruf 19.06.2023).

6 Vgl. Mut zu ungewöhnlichen Wegen, in: Karriere-Magazin, Ausgabe 6, November 2020, S. 22 ff; Hauke Burgarth: Neue Lebensberufung gefunden – Rotlichtviertel? Na und?, Live.net 26.05.2021. http://www.life.de/magazin/people/portraits/391224-wilbirg_rossrucker_rotlichtviertel_na_und.html (letzter Abruf 21.06.2023).

7 Die fröhliche Wissenschaft. Drittes Buch, Aphorismus 125 »Der tolle Mensch« (KSA 3, S. 480ff).

8 Friedrich Nietzsche: Nachgelassene Fragmente. Ende 1876–Sommer 1877.

9 Volker Gäckle: Weitersehen in unübersichtlicher Zeit, in: Gemeinschaft 12/2020, S. 6-8. https://www.die-apis.de/fileadmin/BILDER/5-Bibel-und-Medien/2-Gemeinschaft_Magazin/1-Archiv/PDFs_Gemeinschaft_2020/Gemeinschaft_2020-12.pdf (letzter Abruf 25.03.2023).

10 Hartmut Rosa: Unverfügbarkeit, Wien, Salzburg 2020, S. 26.

11 Vgl. a. a. O., S. 21ff.

12 A. a. O., S. 15; kursiv i. O.

13 A. a. O., S. 16, kursiv i. O.

14 Reinhard Müller: Klebende Klimaaktivisten – Die Verhöhnung von Demokratie und Rechtsstaat, FAZ.net 03. 11. 2022. https://www.faz.net/aktuell/politik/inland/letzte-generation-und-klimaaktivismus-die-groesste-gefahr-18432010.html (letzter Abruf 25. 03. 2023).

15 Vgl. EKD (Hg.): Entwicklung der Kirchenmitgliederzahlen. https://www.ekd.de/projektion2060-mitgliederzahlen-45532.htm (letzter Abruf 25. 03. 2023).

16 Thies Gundlach: »Weiße Elefanten« und Kirchenreform. Warum mit der Synode 2020 eine neue Epoche in der Geschichte der EKD begonnen hat. https://zeitzeichen.net/node/8761 (letzter Abruf 24. 03. 2023).

17 A. a. O.

18 Vgl. EKD (Hg.): »Hinaus ins Weite – Kirche auf gutem Grund« – Zwölf Leitsätze zur Zukunft einer aufgeschlossenen Kirche. 7, Tagung der 12. Synode der EKD, 08./09. 11. 2020. https://www.ekd.de/zwoelf-leitsaetze-zur-zukunft-einer-aufgeschlossenen-kirche-60102.htm (letzter Abruf 25. 03. 2023).

19 Rolf-Herbert Peters: Die Menschen verlassen in Scharen die Kirche – Doch was tritt an die Stelle Gottes? Ein Blick in Deutschlands Seele, Stern.de 16. 12. 2021. https://www.stern.de/gesellschaft/kirchenaustritt--was-tritt-an-die-stelle-gottes-und-gibt-uns-halt--31420434.html (letzter Abruf 19. 06. 2023).

20 Bischof Georg Schätzing, in: Tilman Gerwien: Die Menschen exkommunizieren uns aus ihrem Leben, Stern.de 15. 12. 2021. https://www.stern.de/gesellschaft/bischof-georg-baetzing---die-menschen-exkommunizieren-uns-aus-ihrem-leben--31423044.html (letzter Abruf 19. 06. 2023).

21 Titel der Titel-Story im Stern (51/2021), 16. 12. 2021, S. 24 ff. https://zzol.de/objekt/214/20210051 (letzter Abruf 21. 06. 2023).

22 Günter Thomas: Im Weltabenteuer Gottes Leben – Impulse zur Verantwortung für die Kirche, Leipzig, 2. Aufl. 2021, S. 58.

23 Bernhard Pörksen: Die große Gereiztheit – Wege aus der kollektiven Erregung, Carl Hanser 2018.

24 Lenz Jacobsen: Die verborgene Gewalt, Zeit.de 08. 02. 2016. https://www.zeit.de/politik/deutschland/2016-02/afd-linksextremismus-gewalt/komplettansicht (letzter Abruf 19. 06. 2023).

25 Vgl. Johannes 6;37; NLB.

26 Vgl. Johannes 6;37; NLB.

27 Philipp Jacob Spener: Pia Desideria; oder Hertzliches Verlangen/Nach Gottgefälliger Besserung der wahren Evangelischen Kirchen/ sampt einigen dahin einfältig abzweckenden Christlichen Vorschlägen, Franfurt a. M., Johann David Zunner, 1676; Kritische Ausgabe: Kurt Aland (Hg.): Die Werke Philipp Jakob Speners, Studienausgabe I,1, Gießen, 1996.

28 Hans Walter Wolff: Anthropologie des Alten Testaments, Kaiser-Verlag, zitiert nach 6. Aufl. 1994, S. 221.

29 Vgl. Paul Dieterich: Christoph Blumhardt – Warten und Pressieren, Nürtingen 2019.

30 Thomas: Im Weltabenteuer Gottes, a. a. O., S. 47.

31 Reinhold Bernhard Jachmann, in: Alfons Hoffman (Hg.): Immanuel Kant, Ein Lebensbild nach Darstellungen der Zeitgenossen Jachmann, Borowski, Wasianski, Teil 1, Halle a. S. 1902, S. 110. https://archive.org/stream/immanuelkanteinl00hoff/immanuelkanteinl00hoff_djvu.txt (letzter Abruf 19. 06. 2023).

32 A. a. O., S. 21.

33 A. a. O., S. 23.

34 Rainer Maria Rilke: Briefe an seinen Verleger 1906 bis 1926, hg. von Ruth Sieber-Rilke und Carl Sieber, Leipzig 1934, S. 247.

35 Hartmut Rosa: Demokratie braucht Religion, München, 7. Aufl. 2023, S. 73.

36 A. a. O., S. 72f; kursiv i. O.

37 Dieses Zitat ist Bestandteil des Katechismus, wie er in Württemberg gelehrt wird, und geht auf Johannes Brenz und Martin Luther zurück, vgl. beispielsweise https://www.martinskirche.info/wp-content/uploads/Andacht_Rogate.pdf oder https://www.ekiba.de/themen/impulse-gebete-2/gebete/ (jeweils letzer Abruf 20. 06. 2023).

38 vgl. Martin Luthers Erklärung zum ersten Artikel im Kleinen Katechismus: »Ich glaube, daß mich Gott geschaffen hat samt allen Kreaturen, mir Leib und Seele, Augen, Ohren und alle Glieder, Vernunft und alle Sinne gegeben hat und noch erhält; dazu Kleider und Schuh, Essen und Trinken, Haus und Hof, Weib und Kind, Acker, Vieh und alle Güter; mit allem, was not tut für Leib und Leben, mich reichlich und täglich versorgt, in allen Gefahren beschirmt und vor allem Übel behütet und bewahrt; und das alles aus lauter väterlicher, göttlicher Güte und Barmherzigkeit, ohn all mein Verdienst und Würdigkeit: für all das ich ihm zu danken und zu loben und dafür zu dienen und gehorsam zu sein schuldig bin. Das ist gewißlich wahr.« https://www.ekd.de/Kleiner-Katechismus-Zweite-Hauptstuck-13471.htm (letzter Abruf 21. 06. 2023).

39 Johannes 6,35; 8,12; 14,6.

40 Rosa: Demokratie, a. a. O., S. 71f.

41 Steffen Kern, in: Steffen Kern: Warum das Leid?, Holzgerlingen 2010, S. 134.

42 Norbert Schäfer, Johannes Weil (Redaktion): Rudolf Loh Biografie, Haiger 2015, S. 110.

43 Jürgen Moltmann: Ethik der Hoffnung, Gütersloh 2010, S. 149.

44 A. a. O., S. 58.

45 Katharina Scholl: Wer sind wir und wenn ja, wie viele? Die Sucht der Kirche nach Selbstbeschäftigung. https://zeitzeichen.net/node/10247 (letzter Abruf 25. 03. 2023).

46 Steffen Kern: Mehr als Millionen, Gießen 2002.

47 Der Besuch fand am 12. Juli 2013 statt. Zu sehen unter folgendem Link: https://www.youtube.com/watch?v=Of5ABhpUJmo; nachzulesen in beispielsweise diesem Zeitungsartikel: Hannelore Crolly: »Vor Gott bin ich Mensch, nicht Kanzlerin«, Welt.de 13.07.2013. https://www.welt.de/politik/deutschland/article118013376/Vor-Gott-bin-ich-Mensch-nicht-Kanzlerin.html (letzter Abruf jeweils 21. 06. 2023).

48 Friedrich Braun, in: Schönblick, Christliches Gästezentrum Württemberg (Hg.): Herz trifft Himmel – 100 Jahre Schönblick, Schwäbisch Gmünd 2016. https://www.schoenblick.de/sites/default/files/2022-05/festschriftwebklein.pdf (letzter Abruf 19. 06. 2021).

49 Vgl. Swanhild Brennecke: Miss Germany Kira Geiss – »Ich möchte gerne eine Stimme für die Kirche sein«, Pro-Medienmagazin.de 04. 03. 2023. https://www.pro-medienmagazin.de/ich-moechte-gerne-eine-stimme-fuer-die-kirche-sein/ (letzter Abruf 21. 06. 2023).

50 Vgl. Rebekka Schmidt: Nobelpreisträger Mukwege: »Wenn wir zu Christus gehören können wir nicht anders …«, 07. 12. 2018. https://www.jesus.ch/magazin/international/afrika/337093-wenn_wir_zu_christus_gehoeren_koennen_wir_nicht_anders.html (letzter Abruf 19. 06. 2023).

51 Gustav Heinemann auf dem 2. Deutschen Evangelischen Kirchentag in Essen, 1950. https://gottinberlin.de/die-herren-dieser-welt-gehen-unser-herr-kommt/ (letzter Abruf 19. 06. 2023).

52 Markus Vogt: Wandel als Chance, Impulsreferat vor der EKD-Synode im November 2022 in Magdeburg. https://www.ekd.de/ekd_de/ds_doc/s2022-09%20-1-Impulsreferat-Wandel-als-Chance-Prof-Markus-Vogt.pdf (letzter Abruf 25. 03. 2023).

53 Der Waldmacher. Hauptdarsteller: Tony Rinaudo, Regisseur: Volker Schlöndorff, Weltkino 2022.

54 Der Waldmacher. Hauptdarsteller: Tony Rinaudo, Regisseur: Volker Schlöndorff, Weltkino 2022.

55 EKD (Hg.): Gemeinsame Erklärung der Vorsitzenden der EKD und der Deutschen Bischofskonferenz zum Verbot der geschäftsmäßigen Förderung der Selbsttötung, 26. 02. 2020. https://www.ekd.de/gemeinsame-erklaerung-dbk-und-ekd-zum-urteil-selbsttotung-53539.htm (letzter Abruf 25. 03. 2023).

56 Eugen Roth: Sämtliche Werke, 5. Band, München 1977, S. 366.

57 Masanori Nakamura: Operation Heimkehr, München 1982.

58 Songwriter: Will Jennings/Eric Patrick Clapton © Blue Sky Rider Songs, E. C. Music Ltd; deutsch durch den Autor.

59 Steffen Kern: Mein Gott, Jesus! Seine Wunder bewegen die Welt, Holzgerlingen 2015.

60 Der gute Hirte behüte dich, Text: Steffen Kern, Melodie: Matthias Hanßmann, © cap-music, Haiterbach-Beihingen.

»Hoffen ist das Experiment,
sich auf ein Versprechen zu verlassen,
dessen Erfüllung noch aussteht.«

www.hoffnungsmensch.de

ZUM PODCAST